青岛“链湾”区块链系列丛书

区块链技术原理及底层架构

陈东敏　主　编
郭　峰　广　红　副主编

北京航空航天大学出版社

图书在版编目(CIP)数据

区块链技术原理及底层架构 / 陈东敏主编. -- 北京 :
北京航空航天大学出版社，2017.4
ISBN 978-7-5124-2375-6

Ⅰ. ①区… Ⅱ. ①陈… Ⅲ. ①电子商务—支付方式
Ⅳ. ①F713.361.3

中国版本图书馆 CIP 数据核字(2017)第 063237 号

区块链技术原理及底层架构

陈东敏　主　编

郭　峰　广　红　副主编

责任编辑　杨　昕

*

北京航空航天大学出版社出版发行

北京市海淀区学院路 37 号(邮编 100191)　http://www.buaapress.com.cn

发行部电话:(010)82317024　传真:(010)82328026

读者信箱: emsbook@buaacm.com.cn　邮购电话:(010)82316936

艺堂印刷（天津）有限公司印装　各地书店经销

*

开本:710×1 000　1/16　印张:10　字数:138 千字

2017 年 5 月第 1 版　2018 年 3 月第 4 次印刷

ISBN 978-7-5124-2375-6　定价:45.00 元

编委会

数链科技

物链科技

中国科学院计算所

众签科技

合作单位：中关村区块链产业联盟

万向区块链实验室

中国分布式总账基础协议联盟

赛尔网络

序

近年来兴起的区块链技术是继互联网、无线通信、云计算、大数据之后计算和网络技术的又一颠覆性创新，正在引起一场新的技术变革和产业变革。区块链技术是由分布式数据存储、点对点传输、共识机制、加密算法等计算机技术交汇(Convergence)而形成的一种可用于信任传递、分布和管理价值(如货币)等与诚信关联的各种交易过程和结果的信息网络应用技术。区块链去中心化的数据结构和智能合约的基本功能使得该技术具有彻底颠覆传统金融行业和价值交易体系的巨大潜力，因此受到全球金融行业和各国政府的高度关注。虽然，区块链技术起源于数字货币的诞生，但随着人们对区块链认识的不断提升和对该技术的不断拓展，区块链的应用远远超出数字货币管理的范畴，并已延伸到各类价值和商品的交易、传输中，比如供应链管理、保险业、医疗信息、工业4.0、知识产权管理、社会福利保障、政府和社会诚信体系的维护等。可以预言，区块链技术在各个领域的成功应用，将从根本上影响和改变社会成员、企事业机构和政府的行为。

作为新兴产业，区块链在多种场景的应用中将替代多种传统服务业。这些传统行业因广泛涉及民生和社会发展，受到各种法规的管控和监督。区块链产业的发展必然会挑战现有的法规和制度。加速区块链产业的发展，一方面需要政府的积极参与，引领产业发展生态环境的建设，有序地开放市场，建立开放的监督和管理机制；另一方面需要开发区块链技术和应用的各种新创企业加强自律和社会责任感，严格把控产品和服务的可靠性、安全性和实效性，不失信于用户和市场。建立行业协会和产业标准，要坚持营造开放和公平竞争的市场环境，要对加速发展新兴行业起到积极的推动作用。

中国在区块链的底层技术上已经形成了具有国际竞争力的自主专利技

术，应用区块链的新创技术公司更如雨后春笋般层出不穷，已经覆盖多个领域。各地政府高度重视区块链技术的落地和发展，纷纷出台扶持政策。如同互联网技术的发展，中国在区块链的核心技术和应用技术的开发上将走在世界前列。青岛“链湾”区块链系列丛书将系统地介绍区块链技术的发展史，我国自主研发的区块链的核心技术，以及区块链技术在金融服务业、医疗健康、供应链管理、食品溯源等多个领域的应用方案和案例。这套丛书的编写和出版旨在促进区块链技术产业知识的传播、人才的培养，加速区块链产业在中国的发展，提升中国在全球的竞争力。

北京大学创新研究院教授
青岛区块链研究院院长
陈东敏
2017 年 3 月

前　言

自2014年以来，区块链技术就受到广泛关注，其应用领域已从比特币延伸到金融科技、数字资产交易、供应链管理、物联网与互联网应用等多个领域，且有可能引发新一轮的技术创新和产业变革。很多业内专家、学者认为，“互联网＋区块链”能让人类用技术手段低成本地解决信任传递难题，将从根本上改变人类几千年来的交易模式，使人类社会的运作更加高效简单。

但是，任何创新技术的发展都有其发展规律。我们先回顾一下最近两年来区块链（包括比特币）业内发生的几件大事。

比特币“监守自盗”事件。2015年1月1日，日本《读卖新闻》头版惊曝一条内幕，曾是世界最大比特币交易平台的Mt.Gox所遗失的99%的比特币源自内部系统操纵，而不是来自外部的黑客攻击。《读卖新闻》指出，在Mt.Gox遗失的总计65万枚比特币中，仅有7 000枚是外部黑客攻击所致。其实，比特币“监守自盗”问题在圈内早已不是新闻。比特币的发展，从早期的技术极客开始到金融爱好者关注，逐步从一个理想化的技术社区演变成一个投机者、洗钱者的天堂，更像是一个21世纪互联网版的加利福尼亚淘金潮。

2016年6月的The DAO事件。The DAO全称为Decentralized Autonomous Organization，即去中心化的自治组织，是基于以太坊区块链智能合约平台的一个众筹基金项目。其设想是，每个众筹参与者按照出资数额（以太币）获得相应的DAO代币后即具有审查项目和投票表决的权利，其中投票权重与出资额相关。该组织不到一个月的时间，就成功地从约1万名参与者中募集到超过1亿美元的资金。然而，2016年6月17日下午，The DAO智能合约平台遭遇黑客攻击，数千万美元的用户资金被盗。几经周折，以太坊平台通过被称为软分叉和硬分叉的技术手段，将所有在被攻击期间的相关交易做无效处理，并把所有筹集的资金退还给众筹人，The DAO项目就此解散、终结。

2016年11月，高盛、桑坦德银行、JP摩根等退出R3联盟。R3是一家总部位于纽约的区块链创业公司，由其发起的R3区块链联盟已吸引了80多家世界巨头银行和金融机构的参与。R3的产品是分布式账本应用平台Corda，目前已开源供免费使用。就在Corda推出后不久，JP摩根又推出了一个其称之为Juno的分布式加密账本原型。R3总经理查理·库珀说过，虽然Corda是一个分布式账本平台，但它绝对不是一个传统的区块链平台。为了适应监管、隐私和延展性问题，R3必须做出改变，Corda必须适应金融服务行业的具体需求。关于高盛等退出R3联盟的原因，虽然没有官方的正式解释，但显而易见，“技术意识形态”之争是主要因素。

以上事件表面看似相互独立无关，却反映出区块链发展过程中一些共性的问题。

一是如何摒弃意识形态对技术发展的干扰。

区块链领域一直存在着去中心化和中心化的理念之争，很多人推崇百分之百地去中心化，并把百分之百去中心化列为区块链的最重要属性。The DAO项目虽然已经终结，但由此引起的争论远没有结束。以太坊团队对事件的应急处理，无论是软分叉还是硬分叉，其本质均为中心化的做法。也就是说，在百分之百去中心的The DAO平台之外，还存在一个“上帝”，这个上帝就是以太坊团队。其实，如果思考一下人类历史和我们的现实生活就会发现，百分之百地去中心化和单一中心化是问题的两个极端，是理想化的产物。大部分的应用场景需要的可能既不是百分之百去中心化，也不是单一中心化，而是适度去中心化的多中心机制。早在互联网发展初期，类似的争论就曾出现过。1995年前后，通信网络的发展曾面临两种路线的选择：一种是基于传统电信思维模式的中心化路线，即以ATM(异步交换模式)协议为代表的宽带综合业务路线，另一种是新型的、去中心化的路线，即以 TCP/IP 协议为代表的互联网路线。这一争论延续了五年，最后实践给出了结论：ATM 逐渐消亡，TCP/IP 则扩张到了全世界。当然，虽然提倡去中心化，但互联网本质上也并不是百分之百地去中心，而是存在多个中心的自治系统。

二是要遵循技术发展的演进规律。

基于密码学的分布式算法及协议，需要对其长期的安全性进行定期审核、测试与升级，这包括系统的安全和终端的安全，这样才能有效预防由于新技术的出现和计算能力的大幅提高对安全体系带来的威胁，以及程序员作恶和程序员出错带来的安全漏洞。互联网发展的经验告诉我们，任何一个成功的互联网应用，都要经历一个小步快跑、迅速迭代升级的过程。在此过程中，瑕疵与漏洞被不断地完善与修补，随着功能及规模的扩展，应用系统逐步稳定。因此，发展初期，区块链从金融科技外围的痛点应用切入，快速迭代发展，这是区块链发展无法回避的路径。

值得庆幸的是，经过这两三年的市场培育，区块链在国内取得了扎实的进步，逐渐形成了以底层技术为支撑、以中间层为衔接、以应用层为市场突破点的区块链生态体系。部分底层技术平台与应用类项目已实现落地：2015 年 12 月中国第一个区块链开发平台“布比区块链”上线运营；2016 年 3 月万向区块链实验室发布“万云区块链的云平台”；2016 年 3 月阳光保险联手布比推出基于区块链技术的“阳光贝”积分产品，这是除代币应用之外中国的第一个区块链示范应用；2016 年 4 月格格积分平台上线，推出中国首个资产型的区块链积分平台；2016 年 8 月作为综合区块链数字资产平台的布萌上线，目前，布萌已广泛地应用在商业积分、游戏币、预付卡、电子券、保险卡单、证券化资产等各个领域，截止到 2017 年 3 月 12 日，布萌平台已拥有超过 900 万终端用户。

布比区块链从一开始就摒弃了百分之百去中心化的意识形态思维，以多中心化信任为核心，并在实践中不断探索创新，逐步充实壮大。布比团队源自中国科学院计算所，自 2012 年就开始从事区块链与数字资产的研究，目前已经拥有数十项核心专利技术。布比的产品定位是提供商业级的区块链基础设施服务，一是打造企业级区块链平台，二是在其上构建具有高扩展性的应用业务支撑系统。

本书由布比工程师团队纂写，内容涵盖了区块链技术的基本原理、布比区块链底层架构与开发指南，以及实际应用案例。期望本书的出版能为有志于区块链应用开发的技术人员提供帮助。由于时间仓促，书中难免出现遗漏与错误，敬请各位区块链爱好者、技术人员和专家指正，大家一起努力，共同探索创新，为推动区块链在国内的发展作出贡献。

点亮资本合伙人

中关村区块链产业联盟副理事长

郭峰

2017 年 3 月

目　　录

第 1 章

区块链技术原理

1.1 区块链和区块链技术的涵义

截至目前，很多人都听说过区块链的概念，至少对其作为账本的作用有所了解。随着人们对区块链认知程度的加深，已经逐渐开始明白，区块链本身就是一种强大的技术。本章从区块链的基本概念开始介绍。

区块链(Blockchain)技术的产生发展离不开比特币，首先是因为随着比特币的诞生，作为比特币底层技术的区块链技术才得以公之于众；其次，因为比特币是截至目前区块链技术中最为人知的应用案例。比特币的概念由中本聪(Satoshi Nakamoto)在2008年发表的论文 *Bitcoin: A Peer-to-Peer Electronic Cash System* 中首次提出。在论文中，中本聪将区块链技术作为构建比特币数据结构及交易体系的基础技术，将比特币打造为一种数字货币和在线支付系统，利用加密技术实现资金转移，而不再依赖于中央银行。比特币使用公钥地址来发送和接收比特币，并进行交易记录，从而实现个人身份信息的匿名。交易确认的过程则需要用户贡献算力，共同对交易进行共识确认从而将交易记录到全网公开账本中。用户可以利用计算机、手机等来发送或接收比特币，并选择交易费用。现有过万种加密数字货币(未来币、点点币、莱特币、狗狗币等)，但比特币约占所有加密数字货币市值的90%。

比特币的区块链是为比特币体系的设计而定制的，因此比特币的区块链技术并不等于区块链技术。区块链技术应该是可以有更多种形态、更多种体系、更多种用途、更多种规格的技术，其概念可以定义如下：区块链是一个去中心化的分布式数据库，该数据库由一串使用密码学方法产生的数据区块有序链接而成，区块中包含有一定时间内产生的无法被篡改的数据记录信息。

如图1.1所示，区块中包含数据记录、当前区块根Hash、前一区块根Hash、时间戳以及其他信息。数据记录的类型可以根据场景决定，比如为资产交易记录、资产发行记录、清算记录、智能合约记录甚至物联网数据记录等。数据记录在存储过程中，通常组织为树形逻辑结构，比如Merkle树，而区块根Hash实际就是数据记录树的根节点Hash，是根据数据记录树自下而上通过SHA-256等Hash算法逐步计算得出的。时间戳为区块的生成时间。其他信息包括区块签名信息、随机值等信息，也可根据具体应用场景灵活定义。

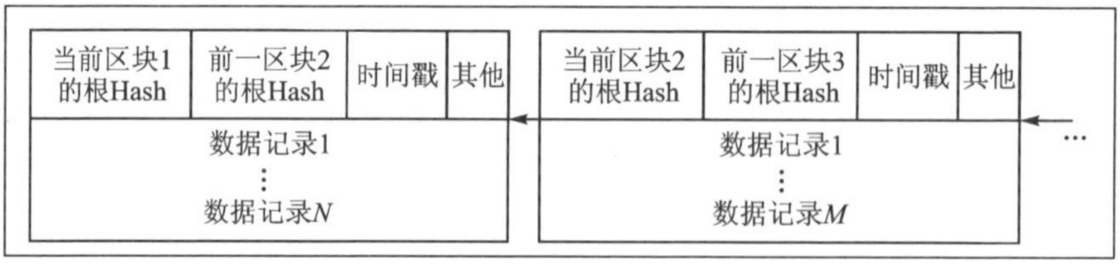

图1.1　区块链结构示意图

区块链技术是多种技术整合的结果，包括密码学、数学、经济学、网络科学等。这些技术以特定方式组合在一起，形成了一种新的去中心化数据记录与存储体系，并对存储数据的区块打上时间戳使其形成一个连续的、前后关联的诚实数据记录存储结构。其最终目的是建立一个保证诚实的数据系统，可将其称为能够保证系统诚实的分布式数据库。在这个系统中，只有系统本身是值得信任的，所以数据记录、存储与更新规则是为建立人们对区块链系统的信任而设计的。诚实意味着系统可以被信任，这是商业活动和应用推广的前提，所以区块链技术已经被很多领域的主流机构看中。因为有了区块链技术，在一个诚信的系统里，许多烦琐的审查手续可以省去，许多因数据缺乏透明度而无法开展的业务可以开展，甚至社会的自动化程度也将大幅提升。

近年来，包括高盛、摩根大通和纳斯达克等金融机构都开始展开对区块链技术的重点研究，这些机构的金融业务大都具有标准化程度高、连续性强、自动化需求大、业务对信用度要求高等特点，与区块链的优势高度契合。同时，在供应链金融中，由于物流、资金流和信息流的复杂安排会涉及众多单据，因此使用电子商务平台记账会大大节省纸质单据所需要的时间和成本，然而使用谁的电子商务平台就成了一个巨大的问题。如果使用利益相关各方自建的电子平台，则数据的真实性就很容易受到质疑，而自建电子商务平台往往耗资不菲；如果使用第三方的电子商务平台，则第三方的经营稳定性和信息安全性又难以保证，比如因财务、政策、网络攻击等各种情况引起不稳定问题等，沟通协调成本和风险也会大幅增加。区块链技术的安全性、不可逆、不可篡改性和透明性都已得到了证明，如果能把供应链金融业务直接建立在这样已被证明了可靠性的区块链上，则将极大地降低安全和信用成本。所以，尽管目前电子商务平台的使用已经大大节约了成本，但如果能有一个具有公信力的类似区块链的公共信用系统，则成本仍有进一步节约的空间。对于政府来说，这一点也很重要，因为提供值得大众信任的系统本身就是政府职能的一部分。中国的资本运行效率远低于美国的一个非常重要的原因就是社会的信用体系不健全、信息不透明、部门协调成本过高，且利益保护现象严重。如果能从技术上应用区块链建立健全信用体制，就可以较低的成本打破这些阻碍，建立一个公开的社会公共信用系统，这将使社会成本大幅降低，效率大幅提升。此外，它还可以便利监管，透明的数据大大降低了监管部门的工作量（很大一部分工作量转移给了社会监督，任何异动都很难逃过公众的眼睛），使监管部门的主要工作转向治理，提升治理的人性化和效率。

尽管使用区块链技术所建立的系统本身是诚实可信的，但这并不意味着来自系统以外的输入信息就是诚实的，更多的时候只是意味着区块链诚实记录并储存了这些外部数据。比如有关认证的应用，认证工作往往是在线下完成，即使区块链能够存储文字、图片甚至多媒体信息，也并不意味着这些信息都是真实的，这只意味着区块链真实记录并存储了这些信息，防止被篡改，如果发生业务纠纷，那么这些信息就可以作为凭证。可能许多人没有注意到这一点，自动化是区块链技术的一个非常重要的特性，区块链网络实际上就是一个接近于自动化或存在完全自动化可能性的网络。这一点之所以重要，一方面，自动化是金融机构青睐区块链技术的重要原因，因为金融交易需要网络能够自动记录和存储交易数据，并且能够允许参与者通过设置条件在网络上自动进行和完成交易；另一方面，区块链技术在这方面提供的可能性为社会生产效率的大幅提升留下了广阔的空间，也为智能合约等一系列高级应用留下了余地。理想情况下，区块链技术将最终与物联网结合起来共同使用。

目前已知的区块链技术应用大致有三类：公共区块链、联盟（行业）区块链和私有区块链。

1. 公共区块链

公共区块链（Public Blockchain）：指全世界任何人都可读取、可发送交易进行有效性确认，任何人都能参与其共识过程的区块链（共识过程是维持区块链这种分布式数据库一致性、准确性的关键技术，将在后续章节详细介绍）。区块链上的数据记录公开，所有人都可以访问，都可以发出交易请求，并通过验证被写入区块链。共识过程的参与者通过密码学技术共同维护公共区块链数据的安全、透明、不可篡改。公共区块链的典型应用包括比特币、以太坊等。公共区块链是完全分布式的区块链，区块链数据公开，用户参与程度高，同时易于产生网络效应，便于应用推广。然而，系统的运行需要依赖于内建的激励机制。公共区块链上试图保存的数据越有价值，越要审视其安全性以及安全性带来的交易成本、系统可扩展性问题。

2. 联盟(行业)区块链

联盟(行业)区块链(Consortium Blockchain):指参与区块链的节点是事先选择好的,节点间通常有良好的网络连接等合作关系,区块链上的数据可以是公开也可以是内部的,为部分意义上的分布式,可视为“部分去中心化”。比如有若干家金融机构之间建立了某个联盟(行业)区块链,每个机构都运行着一个节点,而且为了使每个区块生效需要获得至少其中10个机构的确认。区块链可以允许每个机构可读取,或只受限于共识验证参与者,或走混合型路线,例如区块的根 Hash 及应用程序接口对外公开,允许外界用来进行区块链数据和区块链状态信息查询等。其典型应用包括 Hyperledger、区块链联盟 R3 CEV 等。联盟(行业)区块链的参与节点间的连接状态较好、验证效率较高,只需极少成本即可维持运行,在提供高速交易处理的同时降低交易费用,有很好的扩展性,数据可以保持一定的隐私性。但是这也意味着在共识达成的前提下,参与节点可以一起篡改数据。

3. 私有区块链

私有区块链(Private Blockchain):参与的节点只有有限的范围,比如特定机构的自身用户等,数据的访问及使用有严格的权限管理。完全私有的区块链中写入权限仅在参与者手里,读取权限可以对外开放,也可以被任意程度地进行限制;相关的应用囊括数据库管理、数据库审计甚至公司管理,尽管在有些情况下希望私有区块链可以具有公共的可审计性,但在更多的情况下,没有公共的可读性。由于全是私有用户说了算,里面的数据没有无法篡改的特性,所以对于第三方的保障力度大大降低。因此目前很多私有区块链会以依附在比特币等已有区块链的方式存在,定期将系统快照数据记录到比特币等系统中,典型应用如 Eris Industries。私有区块链可以带来规则的改变。如果需要的话,则运行着私有区块链的机构可以很容易地修改区块链的规则,还原交易。这一点似乎略有违背区块链的本质之嫌,但是却适用于一些特殊场景的需求。由于私有区块链验证者是内部公开的，所以并不存在部分验证节点共谋进行51%攻击的风险。私有区块链交易成本更低。交易只需被几个受信的高算力节点验证即可，而不需要数万个节点的确认，因此交易成本低。但从长远来看，随着区块链技术的进步，公共区块链的成本将可能降低一至两个数量级，大致与高效的私有区块链系统类似。私有区块链节点间连接情况好，故障可以迅速通过人工干预来修复，从而提升了交易速度并可以更好地保护隐私。

公共区块链、联盟（行业）区块链和私有区块链各有优势，公共区块链很难完美地实现，联盟（行业）区块链、私有区块链需要找到实际迫切需求的应用需求和场景。至于具体选择哪套方案就要看具体需求，有时使用公共区块链会更好，但有时又需要一定的私有控制，这时使用联盟（行业）区块链或私有区块链会更好。

1.2 区块链的框架与特点

1.2.1 区块链的框架

关于区块链的框架已有不少学者和专家进行过阐述，其中比较有代表性的是发表于2016年《自动化学报》的文章《区块链技术发展现状与展望》，该文首次将区块链的框架划分为六层结构，认为区块链系统由数据层、网络层、共识层、激励层、合约层和应用层组成。其中，数据层作为最底层封装了数据区块以及相关的数据加密和时间戳等技术；网络层包括分布式组网机制、数据传播机制和数据验证机制等；共识层主要封装网络节点的各类共识算法；激励层将经济因素集成到区块链技术体系中来，主要包括经济激励的发行机制和分配机制等；合约层主要封装各类脚本、算法和智能合约，是区块链可编程特性的基础；应用层封装了区块链的各种应用场景和案例。

本书对区块链框架进行梳理优化，认为区块链的框架应划分为四层（如图1.2所示），包括底层数据层、网络通信层、共识验证层和业务应用层。

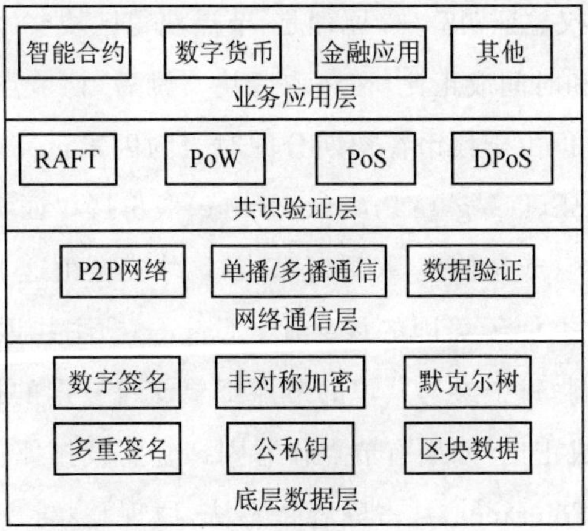

图1.2 区块链框架图

1. 数据层

数据层是最底层的技术，是一切的基础，它主要实现了两个功能：一个是相关数据的存储，另一个是账户和交易的实现与安全。数据的存储主要基于默克尔树，通过区块的方式和链式结构实现。账号和交易的实现基于数字签名、Hash函数、非对称加密技术、多重签名等多种密码学算法和技术，保证了交易在去中心化的情况下能够安全地进行。

2. 网络通信层

网络通信层主要实现网络节点的连接和通信，包括点对点技术、单播/多播通信和验证技术，是没有中心服务器，依靠用户群交换信息的互联网体系。与有中心服务器的中央网络系统不同，对等网络的每个用户端既是一个节点,又有服务器的功能,具有去中心化与健壮性等特点。

3. 共识验证层

共识算法是区块链体系的核心。共识验证层主要实现全网所有节点对交易和数据达成一致,防范拜占庭攻击、女巫攻击、51%攻击等共识攻击,因为其应用场景不同,所以已经出现了多种富有特色的共识机制。比如:PoS(Proof of Stake)权益证明算法,原理是:节点获得区块奖励的概率与该节点持有的代币数量和时间成正比,在获取区块奖励后,该节点的代币持有时间清零,重新计算。但由于代币在初期分配时人为因素过高,容易导致后期贫富差距过大。DPoS(Delegate Proof of Stake)股份授权证明,原理是:所有节点投票选出 100 个(或其他数量)委托节点,区块完全由这 100 个委托节点按照一定算法生成,类似于美国的议会制。Casper 投注共识,原理是:以太坊下一代的共识机制,每个参与共识的节点都要支付一定的押金,节点获取奖励的概率和押金成正比,如果有节点作恶则押金要被扣掉。PBFT(Practical Byzantine Fault Tolerance)拜占庭容错算法,原理是:与一般公有链的共识机制主要基于经济博弈原理不同,PBFT 主要基于异步网络环境下的状态机副本复制协议,本质上是由数学算法实现了共识,因此区块的确认不需要像公有链一样在若干区块之后才安全,可以实现出块即确认。在共识算法中,用户激励主要实现区块链资产的发行和分配机制(比如以太坊,定位以太币为平台运行的燃料,可以通过挖矿获得,每挖到一个区块固定奖励 5 个以太币,同时运行智能合约和发送交易都需要向矿工支付一定的以太币)。

4. 业务应用层

基于区块链技术,可以构建种类极其丰富的业务应用,比如游戏、一般网上购物(日常用品如衣物、小家电等)、视频、旅游咨询、火车票、汽车、直播媒体、时尚信息、网上社区、知识产权、音乐、房地产、照片、保险保单、贵重金属(如黄金)、股权、票据、域名、商标、数字资产、虚拟货币,等等;甚至可以构建以脚本为基础的智能合约,该合约赋予账本可编程的特性,通过虚拟机的方式运行代码,实现智能合约的功能,比如以太坊的以太坊虚拟机(EVM)。同时,这一层通过在智能合约上添加能够与用户交互的前台界面,形成去中心化的应用(DAPP)。

1.2.2 区块链的特点

区块链具有去中心化、时序数据、集体维护、可编程、安全可信和匿名性等特点。

1. 去中心化

区块链数据的验证、记账、存储、维护和传输等过程均基于分布式系统结构,采用纯数学方法而不是中心机构来建立分布式节点间的信任关系,从而形成去中心化的可信任的分布式系统。

2. 时序数据

区块链采用带有时间戳的链式区块结构存储数据,从而为数据增加了时间维度,具有极强的可验证性和可追溯性。

3. 集体维护

区块链系统采用特定的经济激励机制来保证分布式系统中所有节点均可参与数据区块的验证过程(如比特币的"挖矿"过程),并通过共识算法来选择特定的节点将新区块添加到区块链。

4. 可编程

区块链技术可提供灵活的脚本代码系统,支持用户创建高级的智能合约、货币或其他去中心化应用。例如,以太坊(Ethereum)平台即提供了图灵完备的脚本语言以供用户来构建任何可以精确定义的智能合约或交易类型。

5. 安全可信

区块链技术采用非对称密码学原理对数据进行加密,同时借助分布式系统各节点的工作量证明等共识算法形成的强大算力来抵御外部攻击，保证区块链数据不可篡改和不可伪造，因而具有较高的安全性。

6. 匿名性

由于节点之间的交换遵循固定的算法，其数据交互是无需信任的（区块链中的程序规则会自行判断活动是否有效），因此交易对手无须通过公开身份的方式让对方对自己产生信任，对信用的累积非常有帮助。

1.3 区块链的工作流程

区块链的工作流程主要包括以下几方面：

第一，发送节点将新的数据记录向全网进行广播。

每个发送数据的节点均有区块链地址，地址是解决公钥长度过长的方案。下面以比特币为例，介绍比特币地址的生成过程。比特币是建立在数学加密学基础上的。先利用椭圆加密算法（ECC）来产生比特币的私钥和公钥，由私钥是可以计算出公钥的，公钥的值经过一系列数字签名运算会得到比特币的地址。其步骤如下：

① 随机选取一个 32 字节的数，作为私钥。

② 使用椭圆曲线加密算法（ECC）计算私钥所对应的公钥。

③ 计算公钥的 SHA－256 Hash 值。

④ 取上一步结果，计算 RIPEMD－160 Hash 值。

⑤ 取上一步结果，前面加入地址版本号（比特币主网版本号“0x00”）。

⑥ 取上一步结果，计算 SHA－256 Hash 值。

⑦ 取上一步结果，再计算一下 SHA－256 Hash 值。

⑧ 取上一步结果的前 4 字节（8 位十六进制）。

⑨ 把这4字节加在第5步的结果后面,作为校验(这就是比特币地址的十六进制形态)。

⑩ 用base58表示法变换一下地址(这就是最常见的比特币地址形态)。比如16UwLL9Risc3QfPqBUvKofHmBQ7wMtjvM。

第二,接收节点对收到的数据记录信息进行检验,比如记录信息是否合法,通过检验后,数据记录将被纳入到一个区块中。

区块中会记录区块生成时间段内的交易数据,区块主体实际上就是交易信息的合集。每一种区块链的结构设计可能不完全相同,但大结构上分为区块头(Header)和区块体(Body)两部分。区块头用于链接到前面的块并且为区块链数据库提供完整性的保证;区块体则包含了经过验证的、块创建过程中发生的价值交换的所有记录。区块结构有两个非常重要的特点:① 每一个区块上记录的交易是上一个区块形成之后,该区块被创建前发生的所有价值交换活动,这个特点保证了数据库的完整性。② 在绝大多数情况下,一旦新区块完成后就被加入到区块链的最后,此区块的数据记录就再也不能改变或删除,这个特点保证了数据库的严谨性,即无法被篡改。顾名思义,区块链就是区块以链的方式组合在一起,以这种方式形成的数据库称为区块链数据库。区块链是系统内所有节点共享的交易数据库,这些节点基于价值交换协议参与到区块链的网络中来。

第三,全网所有接收节点对区块执行共识算法(Proof of Work、Proof of Stake等,详细内容将在后面进行介绍)。

第四,区块通过共识算法过程后被正式纳入区块链中存储,全网节点均表示接收该区块,而表示接收的方法就是将该区块的随机散列值视为最新的区块散列值,新区块的制造将以该区块链为基础进行延长。

区块链系统内所有权验证机制的基础是非对称加密算法。常见的非对称加密算法包括RSA、Elgamal、D-H、ECC等。在非对称加密算法中,如果一个"密钥对"中的两个密钥满足以下两个条件:① 对信息用其中一个密钥加密后，只有用另一个密钥才能解开；② 其中一个密钥公开后，根据公开的密钥别人也无法算出另一个，那么就称这个密钥对为非对称密钥对，公开的密钥称为公钥，不公开的密钥称为私钥。在区块链系统的交易中，非对称密钥的基本使用场景有两种：① 公钥对交易信息加密，私钥对交易信息解密。私钥持有人解密后，可以使用收到的价值。② 私钥对信息签名，公钥验证签名。通过公钥签名验证的信息确认为私钥持有人发出。

节点始终都将最长的区块链视为正确的链，并持续以此为基础验证和延长它。如果有两个节点同时广播不同版本的新区块，那么其他节点在接收到该区块的时间上将存在先后差别，它们会在率先收到的区块基础上进行工作，但也会保留另外一个链条，以防后者变成长的链条。该僵局的打破需要共识算法的进一步运行，如果其中的一条链条被证实为是较长的一条，那么在另一条分支链条上工作的节点将转换阵营，开始在较长的链条上工作。以上就是防止区块链分叉的过程。

1.4 区块链的核心技术与概念

1.4.1 区块链的核心技术

区块链保证数据安全、不可篡改以及透明性的关键技术包括以下五个方面：

1. 核心技术1——区块+链

关于如何建立一个严谨的数据库的问题，区块链的办法是：将数据库的结构进行创新，把数据分成不同的区块，每个区块通过特定的信息逻辑上链接到上一区块的后面，前后顺连来呈现一套完整的数据，这也是“区块链”这三个字的来源。区块(Block)：在区块链技术中，数据以电子记录的形式被永久储存下来，存放这些电子记录的文件就称为“区块”。区块是按时间顺序一个一个先后生成的，每一个区块记录下它在被创建期间发生的所有价值交换活动，所有区块汇总起来形成一个记录合集。

区块链是如何工作的呢？由于每一个区块的块头都包含了前一个区块的交易信息压缩值，这就使从创世块(第一个区块)到当前区块连接在一起形成了一条长链。如果不知道前一区块的“交易缩影”值，就没有办法生成当前区块，因此每个区块必定按时间顺序跟随在前一个区块之后。这种所有区块包含前一个区块引用的结构让现存的区块集合形成了一条数据长链。区块(完整历史)＋ 链(完全验证)＝ 时间戳。“区块＋链”的结构提供了一个数据库的完整历史。从第一个区块开始，到最新产生的区块为止，区块链上存储了系统全部的历史数据。区块链提供了数据库内每一笔数据的查找功能。区块链上的每一条交易数据，都可以通过“区块链”的结构追本溯源，一笔一笔进行验证。区块＋链＝时间戳，这是区块链数据库的最大创新点。区块链数据库让全网的记录者在每一个区块中都盖上一个时间戳来记账，表示这个信息是这个时间写入的，形成了一个不可篡改、不可伪造的数据库。

2. 核心技术 2——开源的、去中心化的协议

有了“区块＋链”的数据之后，接下来就要考虑记录和存储的问题了。应该让谁来参与数据的记录，又应该把这些盖了时间戳的数据存储在哪里呢？在现今中心化的体系中，数据都集中记录并存储于中央计算机上。但是区块链结构设计精妙的地方就在这里，它并不赞同把数据记录存储在中心化的一台或几台计算机上，而是让每一个参与数据交易的节点都记录并存储下所有的数据。

① 关于如何让所有节点都能参与记录的问题，区块链的办法是：构建一

整套协议机制，让全网每一个节点在参与记录的同时也来验证其他节点记录结果的正确性。只有当全网大部分节点（或甚至所有节点）都同时认为这个记录正确时，或者所有参与记录的节点都比对结果一致通过后，记录的真实性才能得到全网认可，记录数据才允许被写入区块中。

② 关于如何存储“区块链”这套严谨的数据库的问题，区块链的办法是：构建一个分布式结构的网络系统，让数据库中的所有数据都实时更新并存放于所有参与记录的网络节点中。这样即使部分节点损坏或被黑客攻击，也不会影响整个数据库的数据记录与信息更新。区块链根据系统确定的开源的、去中心化的协议，构建了一个分布式的结构体系，让价值交换的信息通过分布式传播发送给全网，通过分布式记账确定信息数据内容，盖上时间戳后生成区块数据，再通过分布式传播发送给各个节点，实现分布式存储。

从硬件的角度讲，区块链的背后是大量的信息记录储存器（如计算机等）组成的网络，那么这一网络如何记录发生在网络中的所有价值交换活动呢？区块链设计者没有为专业的会计记录者预留一个特定的位置，而是希望通过自愿原则来建立一套人人都可以参与记录信息的分布式记账体系，从而将会计责任分散化，由整个网络的所有参与者来共同记录。区块链中每一笔新交易的传播都采用分布式的结构，根据 P2P 网络层协议，消息由单个节点被直接发送给全网其他所有的节点。区块链技术让数据库中的所有数据均存储于系统所有的计算机节点中，并实时更新。完全去中心化的结构设置使数据能实时记录，并在每一个参与数据存储的网络节点中更新，这就极大地提高了数据库的安全性。

通过分布式记账、分布式传播、分布式存储这三大“分布”可以发现，没有人、没有组织，甚至没有哪个国家能够控制这个系统，系统内的数据存储、交易验证、信息传输过程全部都是去中心化的。在没有中心的情况下，大规模的参与者达成共识，共同构建了区块链数据库。可以说，这是人类历史上第一次构建了一个真正意义上的去中心化体系。甚至可以说，区块链技术构建了一套永生不灭的系统——只要不是网络中的所有参与节点在同一时间集体崩溃,数据库系统就可以一直运转下去。现在已经有了一套严谨的数据库,也有了记录并存储这套数据库的可用协议,那么当将这套数据库运用于实际社会时,要解决的最核心的一个问题是:如何使这个严谨且完整存储下来的数据库变得可信赖,可以在互联网无实名背景下成功防止诈骗。

3. 核心技术3——非对称加密算法

什么是非对称加密?简单来说,在"加密"和"解密"的过程中分别使用两个密码,两个密码具有非对称的特点:① 加密时的密码(在区块链中被称为"公钥")是公开全网可见的,所有人都可以用自己的公钥来加密一段信息(信息的真实性);② 解密时的密码(在区块链中被称为"私钥")是只有信息拥有者才知道的,被加密过的信息只有拥有相应私钥的人才能够解密(信息的安全性)。简单总结:区块链系统内,所有权验证机制的基础是非对称加密算法。常见的非对称加密算法包括RSA、Elgamal、D-H、ECC(椭圆曲线加密算法)等。

可以看出,从信任的角度区块链实际上是数学方法解决信任问题的产物。过去,人们解决信任问题可能依靠熟人社会的"老乡",政党社会的"同志",传统互联网中的交易平台"支付宝"。而区块链技术中,所有的规则事先都以算法程序的形式表述出来,人们完全不需要知道交易的对手方是"君子"还是"小人",更不需要求助中心化的第三方机构来进行交易背书,而只需要信任数学算法就可以建立互信。区块链技术的背后,实质上是算法在为人们创造信用,达成共识背书。

4. 核心技术4——脚本

脚本可以理解为一种可编程的智能合约。如果区块链技术只是为了适应某种特定的交易,那么脚本的嵌入就没有必要了,系统可以直接定义完成价值交换活动需要满足的条件。然而,在一个去中心化的环境下,如果所有的协议都需要提前取得共识,那么脚本的引入就显得不可或缺了。有了脚本之后，区块链技术就会使系统有机会去处理一些无法预见到的交易模式，保证了这一技术在未来的应用中不会过时，增加了技术的实用性。一个脚本本质上是众多指令的列表，这些指令记录在每一次的价值交换活动中，价值交换活动的接收者(价值的持有人)如何获得这些价值，以及花费掉自己曾收到的留存价值需要满足哪些附加条件。通常，发送价值到目标地址的脚本，要求价值的持有人提供一个公钥和一个签名(证明价值的持有者拥有与上述公钥相对应的私钥)这两个条件，才能使用自己之前收到的价值。脚本的神奇之处在于，它具有可编程性：① 它可以灵活改变花费掉留存价值的条件，例如脚本系统可能会同时要求两个私钥，或几个私钥，或无需任何私钥等；② 它可以灵活地在发送价值时附加一些价值再转移的条件，例如利用脚本可编程约定这一笔发送出去的价值以后只能用于支付中信证券的手续费，或支付给政府等。

5. 核心技术 5——共识算法

共识算法是区块链中节点保持区块数据一致、准确的基础，现有的主流共识算法包括 PoW(Proof of Work)、PoS(Proof of Stake)、RCP(Ripple Consensus Protocol)等。以 PoW 为例，指通过消耗节点算力形成新的区块，是节点利用自身的计算机硬件为网络做数学计算进行交易确认和提高安全性的过程。交易支持者(矿工)在计算机上运行比特币软件不断计算软件提供的复杂的密码学问题来保证交易的进行。作为对他们服务的奖励，矿工可以得到他们所确认的交易中包含的手续费，以及新创建的比特币。共识算法将会在后面进行详细介绍。

1.4.2 区块链的关键概念

1. Hash 算法

Hash 算法特别的地方在于它是一种单向算法，用户可以通过 Hash 算法对目标信息生成一段特定长度的唯一的 Hash 值,却不能通过这个 Hash 值反向获得目标信息。因此 Hash 算法常用在不可还原的密码存储、信息完整性校验等。常见的 Hash 算法有:MD2、MD4、MD5、HAVAL、SHA、SHA-1、HMAC、HMAC-MD5、HMAC-SHA1。

2. 非对称加密

非对称加密为数据的加密与解密提供了一个非常安全的方法,它使用了一对密钥:公钥(Public Key)和私钥(Private Key)。私钥只能由一方安全保管,不能外泄,而公钥则可以发给任何请求它的人。非对称加密使用这对密钥中的一个进行加密,而解密则需要另一个密钥。比如,你向银行请求公钥,银行将公钥发给你,你使用公钥对消息加密,那么只有私钥的持有人——银行才能对你的消息解密。与对称加密不同的是,银行不需要将私钥通过网络发送出去,因此安全性大大提高。非对称加密使用了一对密钥:公钥与私钥,所以安全性高,但加密与解密速度慢。

3. RSA

RSA 是最为著名的非对称加密算法,这种算法在 1978 年就出现了,它是第一个既能用于数据加密又能用于数字签名的算法,它易于理解和操作,也很流行。算法的名字以发明者的名字命名:Ron Rivest、AdiShamir 和 Leonard Adleman。这种加密算法的特点主要是密钥的变化,假设只有一把钥匙,如果这把钥匙丢了,那么数据也就不安全了。RSA 同时有两把钥匙:公钥与私钥,且同时支持数字签名。数字签名的意义在于,对传输过来的数据进行校验,确保数据在传输过程中不被修改。其流程是甲方构建密钥对,将公钥公布给乙方,将私钥保留。甲方使用私钥加密数据,然后用私钥对加密后的数据签名,发送给乙方签名以及加密后的数据;乙方使用公钥、签名来验证待解密数据是否有效,如果有效则使用公钥对数据解密。乙方使用公钥加密数据,向甲方发送经过加密后的数据;甲方获得加密数据,通过私钥解密。

4. ECC

ECC(椭圆曲线加密算法)也是区块链中比较著名的加密算法，是一种公钥加密体制，最初由 Koblitz 和 Miller 两人于 1985 年提出，其数学基础是利用椭圆曲线上的有理点构成 Abel 加法群上椭圆离散对数的计算困难性。与 RSA 相比，椭圆曲线加密算法在许多方面都有对绝对的优势，主要体现在以下方面：抗攻击性强，相同的密钥长度，其抗攻击性要比 RAS 强很多倍；计算量小、处理速度快，总的速度比 RSA、DSA 快得多；存储空间占用小，密钥尺寸和系统参数与 RSA、DSA 相比要小得多，意味着它所占的存储空间要小得多，这对于加密算法在 IC 卡上的应用具有特别重要的意义；带宽要求低。

5. 多重签名

多重签名在数字签名应用中，有时需要多个用户对同一个文件进行签名和认证。比如，一个公司发布的声明中涉及财务部、开发部、销售部、售后服务部等部门，如果需要得到这些部门签名认可，那么就需要这些部门对这个声明文件进行签名。能够实现多个用户对同一文件进行签名的数字签名方案称作多重数字签名方案。多重签名就是多个用户对同一个消息进行数字签名。根据签名过程的不同，多重签名方案可以分为两类：有序多重数字签名方案和广播多重数字签名方案。每种方案都有三个过程：系统初始化、产生签名和验证签名。每种方案都包含三个对象：消息发送者、消息签名者和签名验证者。广播多重数字签名方案中还包含签名收集者。

1.4.3 智能合约

智能合约又称智能合同，是由事件驱动的、具有状态的、获得多方承认的、运行在区块链之上的且能够根据预设条件自动处理资产的程序，智能合约最大的优势是利用程序算法替代人为仲裁和执行合同。本质上讲，智能合约也是一段程序,但是与传统的 IT 系统不同,智能合约继承了区块链的三个特性:数据透明、不可篡改、永久运行。

1. 数据透明

区块链上所有的数据都是公开透明的,因此智能合约的数据处理也是公开透明的,运行时任何一方都可以查看其代码和数据。

2. 不可篡改

区块链本身的所有数据不可篡改,因此部署在区块链上的智能合约代码以及运行产生的数据输出也是不可篡改的,运行智能合约的节点不必担心其他节点恶意修改代码与数据。

3. 永久运行

支撑区块链网络的节点往往达到数百甚至上千个,部分节点的失效并不会导致智能合约的停止,其可靠性理论上接近于永久运行,这样就保证了智能合约能像纸质合同一样每时每刻都有效。

部署在区块链上的智能合约是一段能够在本地产生原智能合约代码的数据串,可以把区块链理解为一个数据库。首先,客户端通过发起一笔交易,告诉区块链节点需要调用的函数及相关参数;然后,所有的区块链节点都会接收到这笔交易,从区块链这个数据库中读取存储的智能合约运行代码,在本地运行出结果;最后,为避免节点作恶,节点运行智能合约的结果将与其他区块链节点进行对比,确认无误后才将结果写入到区块链中,从而实现智能合约的正确执行。

1.5 共识机制

要使区块链成为一个难以攻破的、公开的、不可篡改数据记录的去中心化诚实可信系统，需要在尽可能短的时间内做到分布式数据记录的安全、明确及不可逆，提供一个最坚实且去中心化的系统。在实践中，该流程分为两个方面：一是选择一个独特的节点来产生一个区块，二是使分布式数据记录不可逆。实现上述流程的技术核心就是共识机制。共识机制是区块链节点就区块信息达成全网一致共识的机制，可以保证最新区块被准确添加至区块链，节点存储的区块链信息一致不分叉，甚至可以抵御恶意攻击。

当前主流的共识机制包括：Raft 协议、PoW(Proof of Work)、PoS(Proof of Stake)、PoW+PoS 混合机制、DPoS(Delegated Proof of Stake)等。

1.5.1 Raft 协议

Raft 是斯坦福的 Diego Ongaro、John Ousterhout 两个人以易懂为目标设计的一致性算法，他们在 2014 年发布了论文 *In Search of an Understandable Consensus Algorithm*，到现在已经有了十多种语言的 Raft 算法实现框架。其较为出名的有 etcd，Google 的 Kubernetes 也是用了 etcd 作为服务发现框架，可见易懂性是多么重要。与 Paxos 不同，Raft 强调的是易懂(Understandability)，Raft 和 Paxos 一样只要保证 $n/2+1$ 节点正常就能够提供服务。众所周知，当问题较为复杂时可以把问题分解为几个小问题来处理，这里先简单介绍一下 Raft 的流程，如图 1.3 所示。

Raft 开始时在集群中选举出 Leader 负责日志复制的管理，Leader 接受

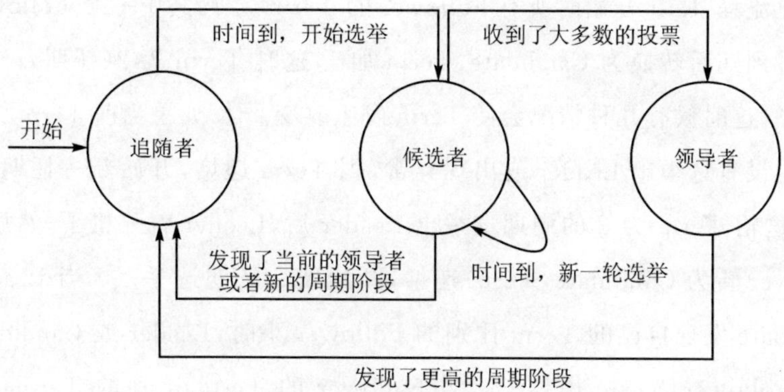

图 1.3 Raft 算法

来自客户端的事务请求(日志),并将它们复制给集群的其他节点,然后负责通知集群中其他节点提交日志。Leader 负责保证其他节点与他的日志同步,当 Leader 死机后集群其他节点会发起选举,选出新的 Leader。Raft 把集群中的节点分为三种状态:Leader、Follower 、Candidate。当然每种状态负责的任务是不一样的,Raft 在运行时提供的服务只存在 Leader 和 Follower 两种状态。

Leader(领导者):负责日志的同步管理,处理来自客户端的请求,与 Follower 保持着 HeartBeat 的联系。

Follower(追随者):刚启动时所有节点为 Follower 状态,响应 Leader 的日志同步请求,响应 Candidate 的请求,并把请求到 Follower 的事务转发给 Leader。

Candidate(候选者):负责选举投票,Raft 刚启动时由一个节点从 Follower 转为 Candidate 发起选举,选举出 Leader 后从 Candidate 转为 Leader 状态。

在 Raft 中使用了一个可以理解为周期(第几届、任期)的概念,用 Term 作为一个周期,每个 Term 都是一个连续递增的编号,每一轮选举都是一个 Term 周期,在一个 Term 中只能产生一个 Leader。先简单描述一下 Term

的变化流程：Raft 开始时所有 Follower 的 Term 为 1，其中一个 Follower 逻辑时钟到期后转换为 Candidate，Term 加 1，这时 Term 为 2（任期）；然后开始选举，这时候有几种情况会使 Term 发生改变。① 如果当前 Term 为 2 的任期内没有选举出 Leader 或出现异常，则 Term 递增，开始新一任期选举；② 当这轮 Term 为 2 的周期选举出 Leader 后，Leader 就死机了，然后其他 Follower 转为 Candidate，Term 递增，开始新一任期选举；③ 当 Leader 或 Candidate 发现自己的 Term 比别的 Follower 小时，Leader 或 Candidate 将转为 Follower，Term 递增；④ 当 Follower 的 Term 比别的 Term 小时，Follower 将更新 Term 保持与其他 Follower 一致。可以说每次 Term 的递增都将发生新一轮的选举，Raft 保证了一个 Term 只有一个 Leader，在 Raft 正常运转中所有节点的 Term 都是一致的，如果节点不发生故障则 Term（任期）会一直保持下去，当某节点收到的请求中 Term 比当前 Term 小时，则拒绝该请求。

Raft 的选举由定时器来触发，每个节点的选举定时器时间都是不一样的，开始时状态都为 Follower，某个节点定时器触发选举后 Term 递增，状态由 Follower 转为 Candidate，向其他节点发起 RequestVote RPC 请求，这时候将有三种可能的情况发生：① 该 RequestVote 请求接收到 $n/2+1$（过半数）个节点的投票，从 Candidate 转为 Leader，向其他节点发送 HeartBeat 以保持 Leader 的正常运转；② 在此期间如果收到其他节点发送过来的 AppendEntries RPC 请求，如该节点的 Term 大，则当前节点转为 Follower，否则保持 Candidate 拒绝该请求；③ Election timeout 发生则 Term 递增，重新发起选举。在一个 Term 期间每个节点只能投票一次，所以当有多个 Candidate 存在时就会出现每个 Candidate 发起的选举都存在接收到的投票数都不过半的问题，这时每个 Candidate 都将 Term 递增，重启定时器，并重新发起选举。由于每个节点中定时器的时间都是随机的，所以就不会多次存在多个 Candidate 同时发起投票的问题。有以下几种情况会发起选举：

① Raft 初次启动,不存在 Leader,发起选举;② Leader 死机或 Follower 没有接收到 Leader 的 HeartBeat,发生 Election timeout 从而发起选举。日志复制(Log Replication)的主要作用是用于保证节点的一致性,这阶段所做的操作也是为了保证一致性与高可用性。当 Leader 选举出来后,便开始负责客户端的请求。所有事务(更新操作)请求都必须先经过 Leader 处理,这些事务请求或命令就是这里说的日志。都知道要保证节点的一致性就要保证每个节点都按顺序执行相同的操作序列,日志复制就是为了保证执行相同的操作序列所做的工作。在 Raft 中,当接收到客户端的日志(事务请求)后先把该日志追加到本地的 Log 中,然后通过 HeartBeat 把该 Entry 同步给其他 Follower,Follower 接收到日志后记录日志然后向 Leader 发送 ACK。当 Leader 收到大多数($n/2+1$ 个)Follower 的 ACK 信息后,将该日志设置为已提交并追加到本地磁盘中,通知客户端,并在下个 HeartBeat 中 Leader 将通知所有的 Follower 将该日志存储在自己的本地磁盘中。

1.5.2 Proof of Work,PoW 机制

Proof of Work 顾名思义,即指工作量的证明。PoW 机制的基本步骤如下:

① 节点监听全网数据记录,通过基本合法性验证的数据记录将进行暂存。

② 节点消耗自身算力尝试不同的随机数,进行指定 Hash 计算,并不断重复该过程直至找到合理的随机数。

③ 找到合理的随机数后,生成区块信息,首先输入区块头信息,然后是数据记录信息。

④ 对外部广播出新产生的区块,其他节点验证通过后,链接至区块链中,主链高度加一,然后所有节点切换至新区块后面继续进行工作量证明和

区块生成。

PoW 为什么叫工作量的证明体现在步骤②中，节点需要不断消耗算力工作，进行 Hash 计算，以找到期望的随机数。以比特币区块链为例，通过 PoW 机制来维护区块链的整体运行及其安全性。验证节点通过随机的散列运算，来争夺比特币区块链的记账权，防止欺诈交易，避免“双重支付”，这一过程需要消耗电力、算力来完成。因此，验证节点也被称为“矿工”，随机数计算查找过程称为“挖矿”。每一个比特币区块链中的区块都包含着一个由无意义数据构成的短字符串（称为随机数），找到一个合适的随机数唯一已知的方法是不停地随机试探直到搜索到一个有效的数。比特币的 PoW 中，平均每 10 分钟有一个节点找到一个区块。如果两个节点在同一个时间找到区块，那么网络将根据后续节点和区块生成情况来确定哪个区块构建最终区块链。一般情况下，需要 6 个区块的生成时间进行确认，因为一般交易在 6 个区块（约 1 小时）后被认为是明确确认且不可逆的。工作量是这样体现的：一个符合要求的区块随机数由 N 个前导零构成，零的个数取决于网络的难度值。要得到合理的随机数需要经过大量尝试计算，计算时间取决于机器的 Hash 运算速度。当某个节点提供出一个合理的随机数值时，说明该节点确实经过了大量的尝试计算，当然，并不能得出计算次数的绝对值，因为寻找合理随机数值是一个概率事件。工作量证明机制看似很神秘，其实在社会中的应用非常广泛。例如，毕业证、学位证、律师证等证书，就是工作量证明，拥有证书即表明在过去投入了努力与工作。

挖矿为整个系统的运转提供原动力，挖矿有三个重要功能：一是发行新的货币；二是维系系统的支付功能；三是通过算力保障系统的安全。首先，真实挖矿消耗资源将黄金注入流通经济，比特币通过“挖矿”完成相同的事情，只不过消耗的是 CPU 时间与电力；其次，挖矿用于产量调节，区块的产量大约为每两周 2 016 块，即每 10 分钟 1 块；最后，通过算力保障系统安全。

算力攻击的概率难度呈指数上升(泊松分布),每个区块都必须指向前一个区块,否则无法验证通过。追溯至源头,便是高度为零的创世纪块。

PoW 机制存在两方面明显的缺陷:算力的消耗与浪费,算力集中化突显。

1. 算力的消耗与浪费

在 PoW 中,尽管区块链节点是用来帮助区块链进行分布式数据记录的,但是它们实际所做的大部分工作是寻找正确的随机数而与数据记录无关。用来寻找随机数的能量和资源将永远地消失,这显而易见是一种浪费。

2. 算力集中化突显

PoW 机制自然地导致了算力集中问题。由于作为一个普通的个体或者几十、几百台规模的矿机目前都极难挖到区块了,因此大家必须联合起来挖矿,这就诞生了算力集中的地方——矿池。其中最著名的是比特币 Ghash 矿池,因为它数次接近甚至达到了 50%比特币的算力,从而引起了比特币社区的广泛担忧。

1.5.3 Proof of Work + Proof of Stake,PoW+PoS 机制

2012 年 8 月,一个化名 Sunny King 的极客推出了 Peercoin(PPC),采用工作量证明机制 PoW 发行新币,采用权益证明机制 PoS 维护网络安全,即 PoW+PoS 机制。除了点点币 PPCoin,新星币 NovaCoin 和雅币 YaCoin 也采用 PoW+PoS 结合的机制。该机制中,区块被分成两种形式:PoW 区块及 PoS 区块。在这种新型区块链体系里,区块持有人可以消耗他的币龄获得利息,同时获得为网络产生一个区块和用 PoS 造币的优先权。PoS 的第一个输入被称为权益核心,需要符合某一 Hash 目标协议。由此 PoS 区块的

产生具有随机性，这一过程与 PoW 相似。但有一个重要的区别在于，PoS 随机散列运算是在一个有限制的空间里完成的，而不是像 PoW 那样在无限制的空间里寻找，因此无需消耗大量的能源。权益核心所要符合的随机散列目标是在核心中消耗币龄的目标值(币×天)，这与 PoW 是不同的，PoW 的每个节点都具有相同的目标值。因此，核心消耗的币龄越多，就越容易符合目标协议。PoS 中还有一种新型的造币过程，即 PoS 区块将根据所消耗的币龄产生利息币，设计时设定了每币一年将产生 1 分利息，以避免将来的通胀。在造币初期时保留了 PoW，使最初的造币更加方便。

区块链中谁是主链的问题是解决分叉的关键。PoS 判断主链的标准已经转化为对消耗币龄的判断。每个区块的交易都会将其消耗的币龄提交给该区块，以增加该区块的得分。获得最高消耗币龄的区块将被选中为主链。此设计减轻了部分对于 51%攻击的忧虑，因为在 PoS 区块中，要进行 51%攻击，首先，要控制数量众多的币龄，成本可能要高于获得 51%的算力，这样就提高了攻击的成本；其次，攻击者在攻击网络时，其币龄也会消耗，这将使攻击者阻止交易进入主链的行为变得更加困难。

为抵御分布式拒绝服务攻击，在 PoW+PoS 机制中，每个区块都必须由其拥有者签名，以避免受到复制并被攻击者使用。为了抵御攻击者复制产生多个区块进行分布式拒绝服务攻击，每个节点都会收集其接触到的(核心，时间戳)配对信息，假如一个已接收到的区块包含与其他之前收到的区块中的配对信息(核心，时间戳)是重复的，则会忽略此区块直到后者被孤立出去。

在 PoW+POS 机制下，只要是持币人，不论持币的数量是多少，都可以挖到数据块，而不用采用任何的矿池导致算力集中；同时，由于多采用币龄生成区块，而不是算力，所以降低了资源消耗，解决了单纯 PoW 机制在维护网络安全方面的先天不足。

1.5.4 Proof of Stake,PoS 机制

除了结合 PoW 使用外,能否单独利用 PoS 机制进行区块链系统设计运行呢?答案是肯定的。简单来说,PoS 就是一个根据持币的量和时间,进行利息发放和区块产生的机制。在股权证明 PoS 模式下,有一个名词叫币龄,举个例子:每个币每天产生 1 币龄,比如持有 100 个币,总共持有了 30 天,那么此时币龄就为 3 000,这个时候,如果发现了一个新 PoS 区块,则币龄就会被清空为 0,每被清空 365 币龄,将会从区块中获得 0.05 个币的利息(可理解为年利率 5%)。

PoS 的典型应用就是未来币。同其他加密货币一样,未来币体系的总账是建立和储存在一系列区块里的,也就是区块链中。每个区块链的备份都存放在未来币网络的每个节点里,而且在每个节点上没有加密的每个账户都能够生成区块。任何账户只要达到了这个标准就会被视为“激活账户”。在未来币里,每个区块都包含着 255 个交易,每个交易都是由包含识别参数的 192 字节的数据头开始的,一个区块里的每个交易量都是由 128 字节所代表着,总共加在一起就意味着最大的区块大小有 32 KB。每个区块都有一个“生成签名”的参数。激活账户用自己的私钥在原先的区块上签署“生成签名”。这就产生了一个 64 字节的签名,之后通过 SHA-256 散列该签名。Hash 产生的前 8 字节给出了一个数字,作为一个“hit”。这个“hit”与目前的目标值相比较,如果计算出的“hit”值要比“目标值”低,那么就可以生成下一个区块了。对于每个活动账户来讲,“目标值”都是与它自身所确认的余额成比例的。一个持有 1 000 个币的账户得到的目标值是持有 20 个币账户所得到的目标值的 50 倍。因此,1 000 个币的持有者产生的区块数是 20 个币的持有者产生的区块数的 50 倍。同时,“目标”值并不是固定的。随着先前区块的时间戳的流逝,每秒都在增长。如果在最初的一秒内没有哪个账户

的“hit”值是低于“目标”值的，则下一秒目标值就会翻倍。“目标”值会持续地翻倍直到一个活动账户的“hit”值有一个较低的数值。另外，还有一个“基本目标”值，它以60秒的间隔设定为目标值。正是因为这个原因，一个区块，平均产生的时间为60秒。即使在网络上只有很少的激活账户，他们中的一个最终会产生一个区块，因为“目标”值会变得相当大。通过将账户的“hit”值与目前的“目标”值相比，就可以估算出“hit”值还有多久能成功。

当一个激活账户赢得产生区块的权利时，就能将任何可获得的且未确认的交易放入区块中，并用所有需要的参数来填充该区块。然后这个区块就会被传播到网络中作为一个区块链的备选。每一个区块中的负载值、“hit”、产生的账户以及签名都能被网络上接收到它的节点所确认。每个区块参考之前的区块，区块形成的区块链可以用来追溯和查询网络中所有的交易历史，严格来讲，多次迭代追溯是可以追溯到创世区块的。上述过程完整地展示了利用币龄进行区块产生和验证共识的过程，体现了PoS的核心思想。

1.5.5 Delegated Proof of Stake，DPoS机制

PoS机制使用一个确定性算法以随机选择一个持币者来产生下一个区块，该算法中账户余额决定了节点被选中的可能性。然而，该系统并未使区块链变得越来越安全且不可逆，因为最终区块链的区块产生权掌握在账户余额最多的少数节点手中。同时，PoS面临的挑战是如何通过及时而高效的方法达成共识。为了达到这个目标，每个持币节点可以将其投票权授予一名代表。获票数最多的前100位代表按既定时间表轮流产生区块。每名代表分配到一个时间段来生产区块。所有的代表将收到等同于一个平均水平的区块所含交易费的1%作为报酬。如果一个平均水平的区块含有100股作为交易费，则1名代表将获得1股作为报酬，这样可以大大提高共识效率，

这就是DPoS的核心思想。

网络延迟有可能使某些代表没能及时广播他们的区块，而这将导致区块链分叉。然而，这不太可能发生，因为制造区块的代表可以与制造前后区块的代表建立直接连接。在DPoS中，首要步骤是成为一名代表，这就必须在网络上注册公钥，然后分配到一个32位的特有标识符；之后该标识符会被每笔交易数据的“头部”引用。第二个步骤是授权选票，每个钱包有一个参数设置窗口，在该窗口里用户可以选择一个或更多的代表，并将其分级。一经设定，用户所做的每笔交易将把选票从“输入代表”转移至“输出代表”。一般情况下，用户不会特别创建以投票为目的的交易，因为这将耗费他们的一笔交易费。但在紧急情况下，某些用户可能觉得通过支付费用这一更积极的方式来改变他们的投票是值得的。每个钱包将显示一个状态指示器，让用户知道代表的表现如何。如果某代表错过了太多的区块，那么系统将会推荐用户去换一个新的代表。如果任何代表被发现签发了一个无效的区块，那么所有标准钱包将在每个钱包进行更多交易前会要求选出一个新代表。与PoW系统及其他PoS系统一样，最佳区块链是最长的有效区块链。任何时候，如果一名代表错过签发一个区块的机会，则该区块链将比潜在竞争对手短。只要交易被写入区块后的100个区块中的51%被生产出来了，那么就可以安全地认为是在主区块链上。也许，在防止区块链分叉所导致的损失方面，最重要的事是在事发后第一时间得知消息。如果10个区块中有超过5个错过生产，那么这意味着你很可能在一条支链上，因此应该停止所有交易，直到分叉得到解决。以一种及时的方式（少于5分钟）简单地发现并警示用户网络分叉，是可以最小化潜在损失的非常重要的能力。

1.6 区块链的应用现状与前景

区块链技术是具有普适性的底层技术框架，可以为金融、经济、科技甚至政治等各领域带来深刻变革。区块链技术的分类也让各行业对于此种技术的应用达到了新高度，全新的技术与全新的理念促进了各行业的新的发展，这种推动力对于社会的影响、经济活动的促进也是巨大的，很多新兴的行业就此诞生。区块链研究与应用目前呈现出爆发式增长态势，甚至被认为是继大型机、个人计算机、互联网、移动/社交网络之后计算范式的第五次颠覆式创新，是人类信用进化史上继血亲信用、贵金属信用、央行纸币信用之后的第四个信用里程碑。

区块链在金融贸易领域的应用是目前发展最为迅速和最为成熟的。虽然区块链伴随比特币出现，但该技术的衍生价值已超越了数字货币。在目前的国际金融市场上，美国银行、瑞士银行，以及一些保险、期货公司，都在争相开发以区块链技术为基础的应用系统。在互联网金融行业中，区块链技术将首先影响支付系统、证券结算系统、交易数据库等金融基础设施。随后该技术还会扩及一般性金融业务，比如征信业务、反洗钱等。区块链可以在去中心化系统中建立信用关系，能够建立无中心机构信用背书的金融市场，这对第三方支付、资金托管等存在中介机构的商业模式来说是颠覆性的变革。在互联网金融领域，区块链特别适合或者已经应用于股权众筹、P2P网络借贷和互联网保险等商业模式。证券和银行业务也是区块链的重要应用领域，传统证券交易需要经过中央结算机构、银行、证券公司和交易所等中心机构的多重协调；而利用区块链自动化智能合约和可编程的特点，能够极大地降低成本和提高效率，避免烦琐的中心化清算交割过程，实现方便快捷的金融产品交易。同时，区块链和比特币的即时到账的特点可使银行实现比 SWIFT 代码体系更为快捷、经济和安全的跨境转账。这也是目前 R3CEV 和纳斯达克等各大银行、证券商和金融机构相继投入区块链技术研发的重要原因。

目前，除了互联网金融贸易领域，区块链技术已在多个领域展开应用，并展现出了大好前景。

1. 留存鉴权领域

区块链数据带有时间戳，由共识节点共同验证和记录，不可篡改和伪造，这些特点使区块链可广泛应用于各类数据公证和审计场景。例如，区块链可以永久地安全存储由政府机构核发的各类许可证、登记表、执照、证明、认证和记录等，并可在任意时间点方便地证明某项数据的存在性和一定程度上的真实性。包括德勤在内的多家专业审计公司已经部署区块链技术来帮助其审计师实现低成本和高效地实时审计。一些民事领域时常出现举证定责困难的情况，而区块链技术则可以记录下每个步骤，帮助司法机关认定具体责任人。尤其在涉及资产的领域，无论是房产、电子产品、汽车等实物资产，还是健康、信用、名誉等无形资产，都能利用该技术完成登记、存储、转移、追踪。可以这样说，任何缺乏信任的生产生活领域，区块链技术都将有用武之地。

2. 行业拓展领域

区块链和物联网结合，可以将数字资产和原子资产统一起来，抹平消费资产和现金资产的区别，扩展大众的信用，加速价值流通；区块链上建立知识产权保护系统，可以对知识产权的使用全网记账；区块链可以为一带一路的新兴经济体发行协议型密码学货币提供技术支撑；区块链＋云计算可以发展成去中心化的自媒体和社区系统;区块链可以搭建去中心化的股权众筹体系,让创新项目提前进入流通领域;区块链可以发展出全透明的财务管理系统;区块链支持建立全球去中心化公司组织。总之,区块链的应用和发展前景不可限量。

3. 数据存储领域

区块链的高冗余存储(每个节点存储一份数据)、去中心化、高安全性和隐私保护等特点使其特别适合存储和保护重要隐私数据，以避免因中心化机构遭受攻击或权限管理不当而造成的大规模数据丢失或泄露。目前,利用区块链来存储个人健康数据(如电子病历、基因数据等)是极具前景的应用领域;此外,它对于存储各类重要电子文件(视频、图片、文本等)乃至人类思想和意识等也有一定应用空间。

4. 资产管理领域

区块链在资产管理领域的应用具有广泛前景，能够实现有形和无形资产的确权、授权和实时监控。对于无形资产来说，基于时间戳技术和不可篡改等特点，可以将区块链技术应用于知识产权保护、域名管理、积分管理等领域。通过结合资产标记和识别技术，还可以利用区块链实现灵活的供应链管理和产品溯源等功能。

5. 选举投票领域

投票是区块链技术在政治事务中的代表性应用。基于区块链的分布式共识验证和不可篡改等特点，可以低成本高效地实现政治选举、企业股东投票等应用。同时，区块链也支持用户个体对特定议题的投票。例如，通过记录用户对特定事件是否发生的投票，可以将区块链应用于博彩和预测市场等场景。

区块链技术有望像互联网一样彻底重塑人类社会活动形态，并实现从目前的信息互联网向价值互联网的转变。区块链技术的快速发展引起了政府部门、金融机构、科技企业和资本市场的广泛关注。美国纳斯达克于 2015 年 12 月率先推出基于区块链技术的证券交易平台 Linq，成为金融证券市场去中心化趋势的重要里程碑。2016 年 1 月，英国政府发布区块链专题研究报告，积极推行区块链在金融和政府事务中的应用。中国人民银行已经召开数字货币研讨会探讨采用区块链技术发行虚拟货币的可行性，以提高金融活动的效率、便利性和透明度。德勤和安永等专业审计服务公司相继组建区块链研发团队，致力于提升其客户审计服务质量。截止到 2016 年初，资本市场已经相继投入超过 10 亿美元以加速区块链领域的发展。2016 年 8 月，工业和信息化部已经启动中国区块链技术和应用白皮书的编写工作。

第 2 章

布比区块链底层架构

布比是国内领先的区块链技术服务商，自成立以来一直专注于区块链技术与产品的研发与创新，拥有多项核心技术，并在多个方面取得了实质性的创新，形成了多项核心技术成果，例如：可数学证明的分布式共识技术、快速的大规模账本存取技术、支持业务形态扩展的多链总账技术、异构区块链间的互联技术等；开发了自有的区块链基础服务平台，已在股权、供应链、积分、信用等领域开展应用。布比一直致力于以去(多)中心信任为核心，构建开放式价值流通网络，让数字资产自由流动起来。

2.1 布比区块链架构及模块设计

区块链体系架构设计、功能模块划分是区块链系统设计的首要步骤，结合应用需求进行架构设计和模块划分是重点和难点。区块链体系架构至少应包括两个层面：一是区块链底层技术，二是区块链上层应用。前者的目标是打造企业级区块链平台，后者则是在区块链底层技术基础上构建具有高扩展性的应用业务支撑系统。

经过与大量商业客户进行对接，布比区块链体系架构的设计以应用需求为导向，且功能模块的划分和层级设计遵循实用、高效、可扩展等原则。

1. 快速的应用对接

在实际的区块链落地应用过程中，应用对接成本是客户关心的核心问题，其中包括时间和人力成本等。毫不夸张地说，应用对接的便利性和可靠性直接决定了一套区块链体系结构的成败。

2. 海量的用户支撑

目前，存在拥有千万级甚至上亿级用户量的企业，这些企业在考虑是否在原有技术框架基础上更换新技术即区块链技术时，一个重要考量就是能否平滑支撑海量用户的导入和使用，包括由此带来的性能、可扩展性，以及海量数据存取等问题。

3. 私钥的存取安全保障

私钥的安全性是一个被高度关注的问题。在实际的商业应用中，用户体验是商业应用需要考虑的重要指标。用户不太可能直接使用一串杂乱无序的字符串作为自己的用户名和密码，当用户名和密码丢失时也必须支持通过身份认定的找回功能，这就需要区块链平台与上层应用一起提供一套安全的私钥存取方案。

4. 隐私保护和权限控制

区块链宣称的“数据共享”与“透明”在很多商业领域里都是非常敏感的词汇。区块链在建立多中心化技术信任的同时，如何满足商业隐私的保护和操作权限的控制是商业应用中最常见的问题，也是区块链体系结构设计应该考虑的基本原则。

布比区块链通过在数字资产、贸易金融、股权债券、供应链溯源、联合征信、公示公证、物联网共享、数据安全等领域的广泛应用，分析并提炼出了优秀的区块链体系架构设计应具备的基本模块，以解决区块链技术在应用落地过程中可能面临的各种阻碍。布比区块链平台采用两层结构：① 底层 BubiChain 提供区块链基础服务；② 上层 Bubi Application Adaptors 对内进行封装，对外进行适配，提供一系列符合应用场景的接口，降低应用对接的复杂度。布比区块链平台结构如图 2.1 所示。

布比产品体系架构由三个部分组成：账户中心、分布式账本服务、策略与管理。

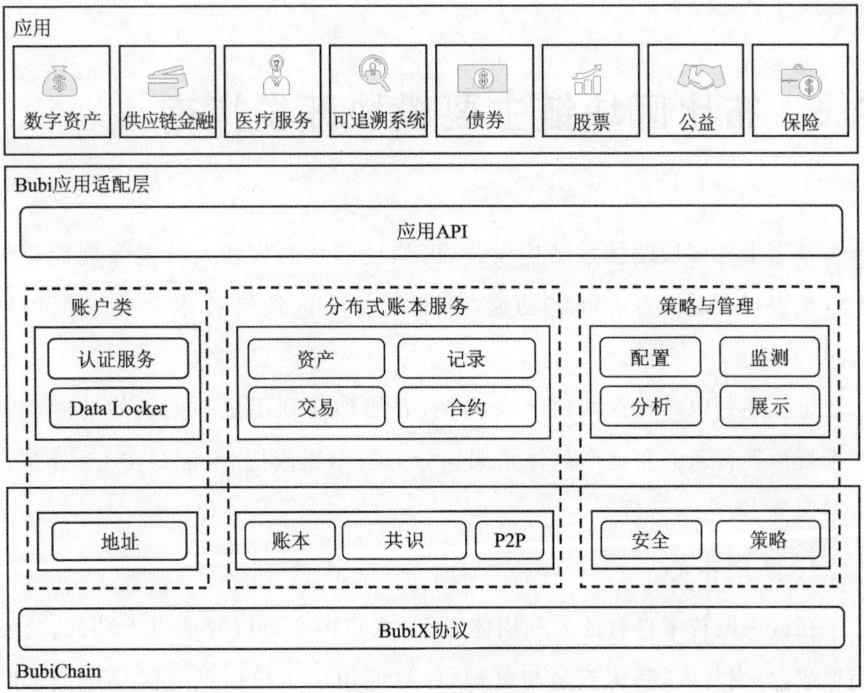

图2.1 布比区块链平台架构图

✓ 账户中心(Account):公私钥生成,公钥写入,私钥签名与管理;应用层用户信息与区块链地址的映射;支持实名认证及审计的监管需求。

✓ 分布式账本服务(Distributed Ledger Service):基于P2P协议的底层组网,各节点通过P2P协议进行消息分发;提供账本结构的定义和账本数据的存储;可插拔的共识模块,负责确保底层数据强一致性的同时抵抗来自"恶意"节点的攻击。

✓ 策略与管理(Strategy & Management):提供完备的数据隐私安全及访问策略控制的解决方案。多种可视化管理工具,底层区块链的健康监控、系统参数配置、数据分析、区块链浏览器等。

2.2 布比区块链主要模块开发指南

基于上述区块链体系结构设计，区块链的核心模块及开发实现能够满足各类设计需求，实现既定功能，并能够基于区块链技术充分挖掘预期特色。

下面还是以布比区块链平台为例，介绍如何利用核心模块的功能实现和挖掘预期特色。布比产品体系架构分为三个组成部分：账户中心、分布式账本服务、策略与管理。

1. 账户中心

在区块链技术自有的公私钥体系下，账户中心可以完成以下功能：公私钥生成，公钥写入，私钥签名与管理，保存应用层用户信息与区块链地址映射关系，支持实名认证及审计的监管需求等。根据客户对安全性的需求不同，账户中心为应用适配层提供两类接口：非托管型接口和托管型接口。

(1) 非托管型接口

非托管型接口，适合有能力在应用端实现安全级别较高的私钥生成和使用的机构。例如，在金融领域，将私钥的生成与管理与现有的U盾、电子签名等安全的客户端体系相结合。

(2) 托管型接口

托管型接口，适合用于互联网化的应用需求。公私钥直接作为用户名和密码使用对普通用户来说识记成本高、体验差，大多数用户习惯用手机号、邮箱、昵称等作为用户名。因此，在托管型接口中，通过安全的私钥生成与管理体系，以及应用层用户信息与区块链地址映射，使上层应用和底层区块链平台都无法触碰到用户的私钥。

非托管型接口通常需要根据客户的独特需求进行开发，具有定制特性，不在这里具体介绍。托管型接口的通用性强，布比区块链构建的托管型接口账户中心架构由鉴权服务（Auth Server）、私钥保险箱（Data Locker）、区块链账户树（BlockChain Account Tree）三部分构成，如图 2.2 所示。

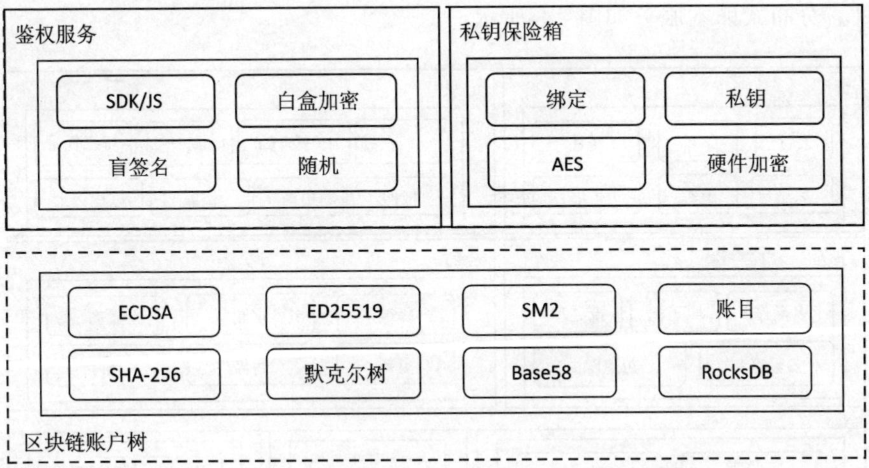

图 2.2　账户中心

1）鉴权服务

鉴权服务主要用于解决第三方应用与账户中心的安全问题。通过在交互过程中加入随机数和盲签名技术，增强密钥安全，降低暴力破解的可能性；同时，利用白盒加密技术强化客户端的访问安全。

2）私钥保险箱

私钥的写入和读取在保险箱体系中以密文的方式传输和存储。用户与密钥一一对应。私钥保险箱可以实现密钥在客户端侧生成且客户端不用保存，每次需要使用私钥签名时，客户端能够通过盲签名流程得到加密过的私钥以及解密的密钥。

3）区块链账户树

布比区块链上存储完整的账户树，每个叶子节点记录一个账户的资产信息和身份信息(可选);每个账户可以支持多维资产的使用。

2. 分布式账本服务

布比区块链底层服务由P2P组网、分布式账本、共识服务三部分组成;同时,为方便应用层理解和对接,在分布式账本服务适配层抽象出应用组件。分布式账本服务如图2.3所示。

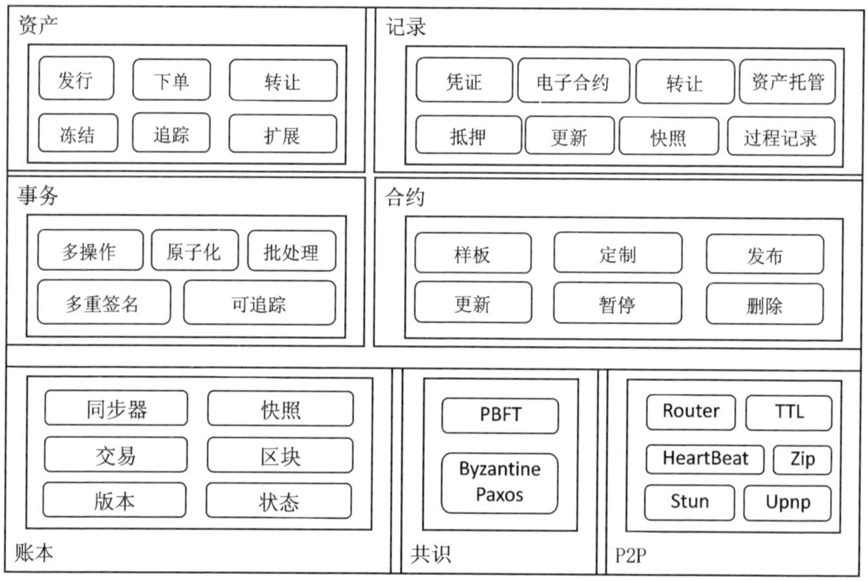

图2.3 分布式账本服务

(1)底层架构

1)P2P组网

对等协议(Peer-to-Peer,P2P)实现基础组网和通信,每个节点维护一张邻居列表,并可与现有的安全防护设施配合使用,确保商用网络的安全性。

2)分布式账本

分布式账本,解决数据格式、数据记录、数据存储问题,通俗地说就是记什么账和如何记账。因此分布式账本设计的好坏决定了区块链底层对外提供服务的能力。

3）共识服务

共识是区块链的核心，也是区块链与传统分布式系统区别最大的地方。它在保障底层数据的强一致性的基础上，抵抗“恶意”侵犯者的影响。布比的共识服务提供一组抽象的共识接口，用于连接共识算法和其他 BubiChain 模块。它负责接收和处理 Transaction，并给出共识结果。共识服务采用开放式框架，可支持不同种类的共识算法。目前布比已经开发出 Byzantine Paxos、Byzantine Raft 商用共识算法，同时支持 PBFT 等共识算法，可以根据上层应用对性能、安全性、容错能力等需求的不同，选择最为合理的算法。

（2）应用组件

为方便应用层理解和对接，在分布式账本适配层抽象出资产（Asset）、记录（Record）、事务（Transaction）、合约（Contract）四类组件，如图 2.3 所示。

1）资　产

资产：支持目前已经数字化，以及未来可以通过资产证券化、资产数字化的资产。

2）记　录

记录：需要利用区块链增加信息记录的真实性和信任的场景，例如：金融领域的凭证、供应链的溯源信息等。

3）事　务

事务：与区块链底层交互的原子级操作，一个上层应用可以对应一个事务，也可以由一组事务共同完成。

4）合　约

合约：提供两种合约——标准化合约、可编程合约。标准化合约主要针对场景相对简单、标准化程度较高、执行效率要求高的业务需求。例如，资产交换时的交易一致性保障，资产交易的挂单与撮合等。标准化合约可以通过配置生成直接挂在链上，无需编程也不用通过虚拟执行，可以降低上层应用的使用成本，提升合约的执行效率。为了应对用户复杂的业务逻辑，布比也支持用户自编程，并且提供丰富的组件供用户针对特定的需求快速构建应用，如加密组件、权限管理组件等。对于一些通用场景，如资产、存证提供相应的模板，用户不需要从头编写代码，只需更改模板的关键参数，再加上业务的相应特性就可以建立成熟的合约应用。

3. 策略与管理

布比区块链平台提供的安全与策略机制，既可以管理维护区块链系统本身的配置和安全，也可以管理区块链存储数据的访问策略和隐私安全。

如图 2.4 所示，区块链底层提供安全(Security)与策略(Strategy)两个基础功能，应用适配层提供一系列可视化的管理工具，如配置管理(Config)、健康监控(Monitor)、数据分析(Analysis)、区块链浏览器(Browser)。

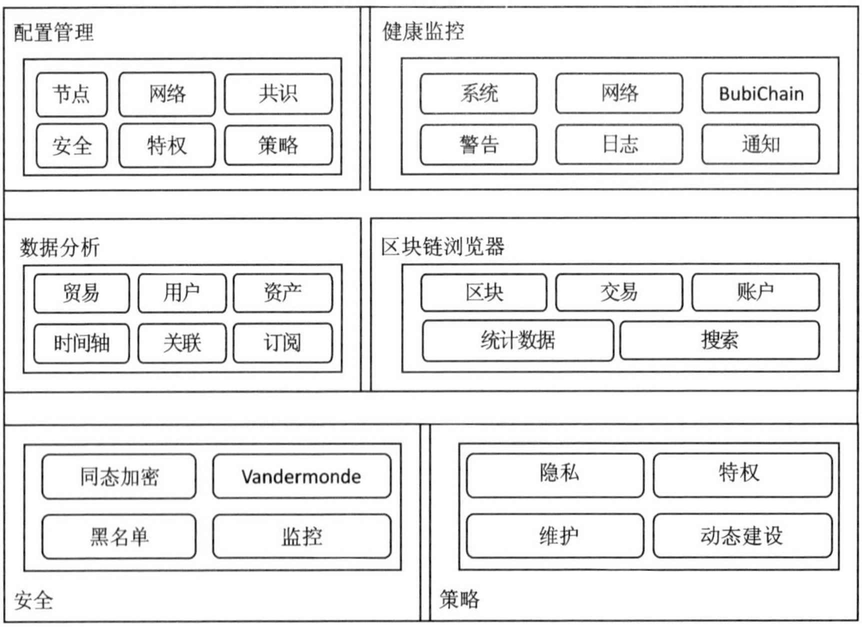

图 2.4　策略与管理

(1) 安　全

底层安全服务负责解决系统组网、接口访问、共识算法、数据隐私等安全问题。目前,联盟链和私有链更适合大多数行业的应用需求。

1) 系统组网安全

组网方面可以采用传统的安全措施进行加固,例如:接入IP控制、专线、节点授权才能接入、节点信任列表等。

2) 接口访问安全

在接口层可以引入CA机制,只有授权的机构才能访问区块链平台的接口。

3) 共识算法安全

不同的共识算法都有一个安全边际,以PBFT为例,$N/3$的安全问题是由配置决定的,安全性和容错能力在2/3阈值时处于极大值。如果为了追求共识算法的安全,则可以牺牲一部分容错能力,将投票通过阈值设置在90%,甚至更高。同时还可以加入恶意节点发现与处理、黑白名单制等,加强共识算法的安全。

4) 数据隐私安全

区块链作为一个数据仓储的解决方案,其能够提供的隐私保护与传统的数据库没有太大区别,即对称加密和非对称加密,常用的技术有同态加密和RSA;隐私保护与区块链的数据共享信任之间的平衡是由业务场景需求来决定的。

(2) 策　略

策略服务除了提供上述的安全策略外,还包括节点部署策略、数据访问权限策略、多签名(Multisign)联合控制策略、合规性策略、性能策略等。

(3) 配置管理

配置管理服务主要提供可视化的配置操作,针对上述的安全、策略、权限、区块链节点、分布式账本结构、共识算法、系统参数等进行灵活设置；配置本身也可以作为一种区块链的事务，由节点共同投票确定生效。

(4) 健康监控

布比的区块链健康监控平台提供三个维度的监控：物理层（CPU、内存、磁盘等）、网络层（时延、断线）和业务层（区块生成、交易验证）；并提供完善的告警、日志、消息通知机制体系，便于商用系统的运行维护。

(5) 数据分析

分布式账本内存储的大部分是原数据，还有极少量标准化的关联关系。为了满足上层应用各种复杂的数据分析需求，数据分析服务除了提供标准的数据查询接口，还支持批量导出和订阅式两种定制化的接口服务。

(6) 区块链浏览器

在不涉及隐私的情况下，区块链浏览器可以实时动态地看到整个区块链底层存储的数据信息，包括区块信息、账户信息、事务、合约信息等。

基于上述体系结构和功能模块，布比区块链在性能方面可达到：秒级交易验证，海量数据存储，高吞吐量，节点数据快速同步；在扩展性方面可达到：满足多业务区块结构、权限控制策略；同时，它还可提供安全的私钥存取服务，以及隐私保护方案。

2.3 布比区块链 API 框架设计

区块链 API 的设计应该围绕着区块链的数据模型展开，并包含两个方面的基本定义：

① 定义“人”与“物”的从属关系，即“人”拥有一定数量的某种“物品”。

这反映的是一种静态关系。

② 定义了“人”或“物”的处置操作，即产生或改变了“人”和“物”的属性以及它们的从属关系。这反映的是一种动态行为。

区块链平台通过“账号（Account）”和“资产（Asset）”描述了第一种定义，“账号”是从属关系的主体，“资产”是被从属的物品。其中，“账号”通过一个“地址（Address）”被唯一标识，并唯一地关联到一对公私钥对。

区块链通过“操作（Operation）”描述了第二种定义，具体化为“账号创建”、“账号更新”、“资产发行”、“资产转移”四种具体的操作行为。

此外，通过“事务（Transaction）”描述了连续的不可分割的多个“操作（Operation）”的关系。

最后，通过“区块（Block）”描述了一定时间内发生过的多个“事务（Transaction）”，通过与账号关联的私钥对操作进行签名，并把区块的事务内容和上一个区块的 Hash 值进行散列，以此构筑一条“区块（Block）”的“链条（Chain）”，以实现在数据结构层面上的不可篡改。

区块链 API 的设计应遵循如下原则：

1. 接口隔离原则

如前面提及的区块链的数据模型实质上是对“静态关系”和“动态行为”两个方面的抽象，对应于 API 的设计上，也是从这两方面来划分的，针对核心对象定义独立的接口，体现接口隔离原则。例如，独立的账号创建接口、资产发行接口、资产转移接口。

2. 面向领域的接口定义和封装

面向领域的接口设计要处理的核心问题是领域模型如何映射为区块链的数据模型，通常有两种主要方式：① 领域对象中的从属关系映射为“账号-资产”关系；② 领域的业务动作记录为“操作”。

基于这两种方式可定义面向“数字化资产”场景和面向“信息存证”场景

的接口。

3. 无状态的接口调用

每一次接口调用都独立地完成一次完整的业务操作，不依赖于之前的某次操作或调用者和提供者之间续存的某种关系。

4. 分层的数据查询接口

对数据查询的接口包括面向领域的查询接口和面向区块链的查询接口两个层次。前者提供了面向领域的接口友好性，后者通过把在区块链上存储的数据内容直接暴露而提供了数据的可信度。

第 3 章

基于布比区块链架构的成功案例

3.1 数字资产发行与流通

当前行业痛点：传统的资产服务，需要相应的中间商，如：资产的所有者证明，真实性公正等均需要第三方的介入才可以完成。只有通过资产发行方、资产接收方、流通平台的三方介入，资产才可以完成整个流通过程。

在目前的三方模式中，存在以下几个行业痛点：① 资产进入流通后，仍必须依赖资产发行方才能完成使用、转移；② 第三方中间商介入可以为资产进行确权，但间接提高了流通成本，降低了流通效率；③ 传统的资产流通渠道非常有限，大渠道通常被行业龙头垄断，而小渠道很难形成规模。

区块链技术天然适合数字资产的发行与流通。相比传统的中心化系统，区块链最大的优势是资产一旦在区块链上发行，后续的支配权可以完全脱离资产发行方，这样资产的流通由单中心控制变成社会化流通。任何有资源的渠道都可以成为资产流通的催化剂。因此，区块链能极大地促进资产的流通。

如图 3.1 所示，区块链在数字资产发行与流通平台中扮演资产确权、交易确认、记账、对账和清算的角色。平台（例如布比上线的格格积分平台）包括资产发行方、资产接收方、渠道、交易所在内的所有上下游机构，他们可以按照自身的利益诉求在平台上自行开展业务。前期之所以选择积分作为数字资产的切入口，主要考虑以下几点：① 积分的标准化程度较高；② 积分是大量用户已持有的最为常见的数字资产；③ 积分市场存在实际的痛点，即对于用户而言现有的积分形同鸡肋，机构投入巨大的成本运行维护一套积分体系并没有得到想要的用户粘性；④ 积分的价值很低，对机构而言，试错成本低，容易对接。

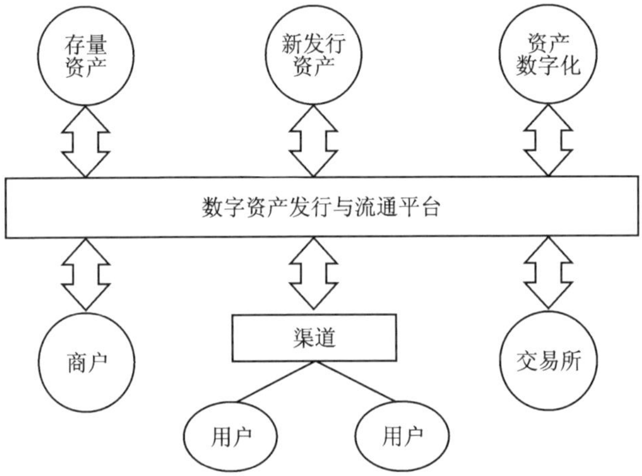

图 3.1　数字资产发行与流通平台

未来的数字资产可以是已经数字化的资产，例如：积分、预付卡、优惠券等。区块链也可以成为资产证券化和资产数字化的入口，将现有的固定资产变成数字化资产在平台上发行与流通，例如：电影票、演唱会门票、月饼券、蛋糕券等。

区块链在数字资产发行与流通平台中扮演资产确权、交易确认、记账、对账和清算的角色。平台上包括资产发行方、资产接收方、渠道、交易所在内的所有上下游机构。参与各方可以按照自身的利益诉求在平台上自行开展业务，获取各自的商业利益。任何可数字化的资产都可以在平台上实现登记、发行。各种主体（个人、机构）均可以在平台上登记、发行自己的数字资产。数字资产的特征描述（资产名称、数量、单位等）被计入区块链中，并利用“时间戳”盖章进行确认。实现资产“登记即公正”有利于数字资产追踪查询，可以有效减少资产纠纷问题。资产流通：在数字资产发行和流通平台上，任何有资源的渠道都可以成为资产流通的催化剂，促进流通，提高流通效率。资产流通由原来的单中心控制变为社会化流通，实现点对点资产转移交易，交易时间、交易价格、交易主体等信息在交易达成时直接记录。记录可追溯、不可篡改。资产查询：区块链“交易即结算”的基本特性使实时清算成为可能，大幅提高交易后处理的效率，实现资产流通情况的实时查询功能。数字资产发行和流通平台可以在实时查看资产发行、流通状况的基础上，对资产数据进行管理，例如：大数据分析等。

布比接口开发实例如下：

1. 典型场景

发行方利用区块链的非中心化特点，通过将资产进行数字化后发行到布比区块链上，使后续流通环节不必依赖于发行方的系统。可数字化的资产，如商业积分、电子券、预付卡、游戏装备、保险卡单、证券化资产等。

(1) 账号创建

账号创建流程如图 3.2 所示。

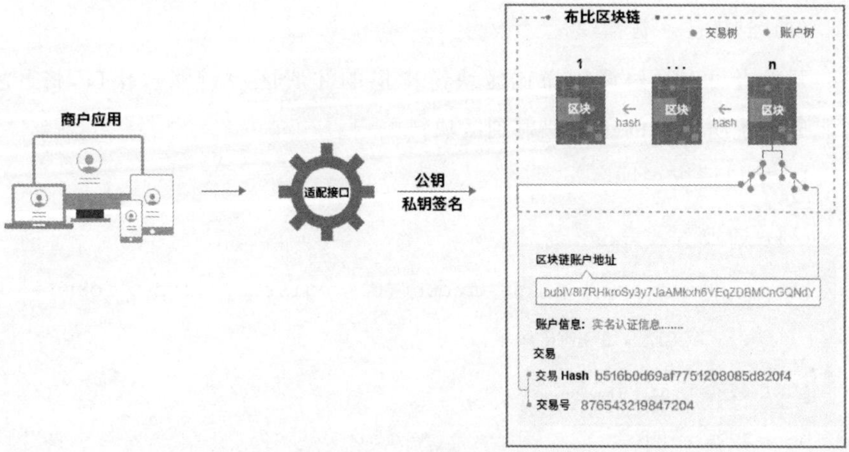

图 3.2 账号创建流程图

(2) 资产发行

资产发行流程图如图 3.3 所示。

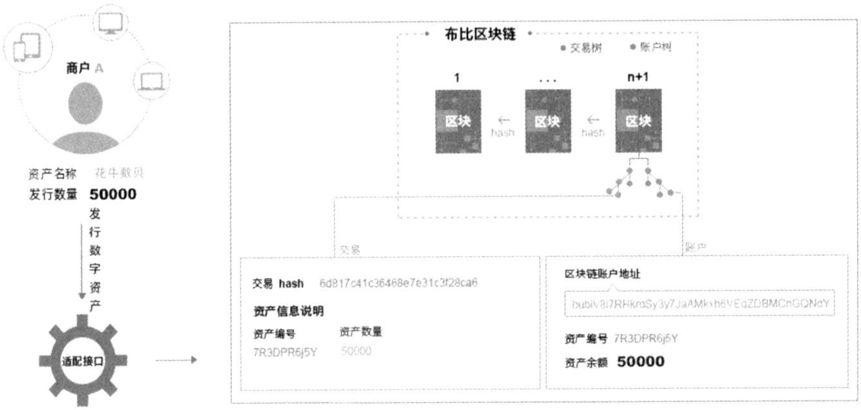

图 3.3 资产发行流程图

(3) 资产流通

资产流通流程图如图 3.4 所示。

2. API 设计及调用示例

(1) 创建区块链账户

开发者可以通过调用布比区块链提供的注册区块链账户接口，将开发者业务系统所涉及的用户映射到区块链账户。

1) 接口请求说明

```
http 请求方式:post
https://test.api.bubi.cn/account/v1/register? access_token =
        ACCESS_TOKEN
post 数据格式:json
post 数据示例:
    {
        "user_name":"nan_jiang36",
```

```
        "password":"qaz123",
        "trade_no":"10000098201412035l5766",
        "metadata":"xxxxxxxx"
    }
```

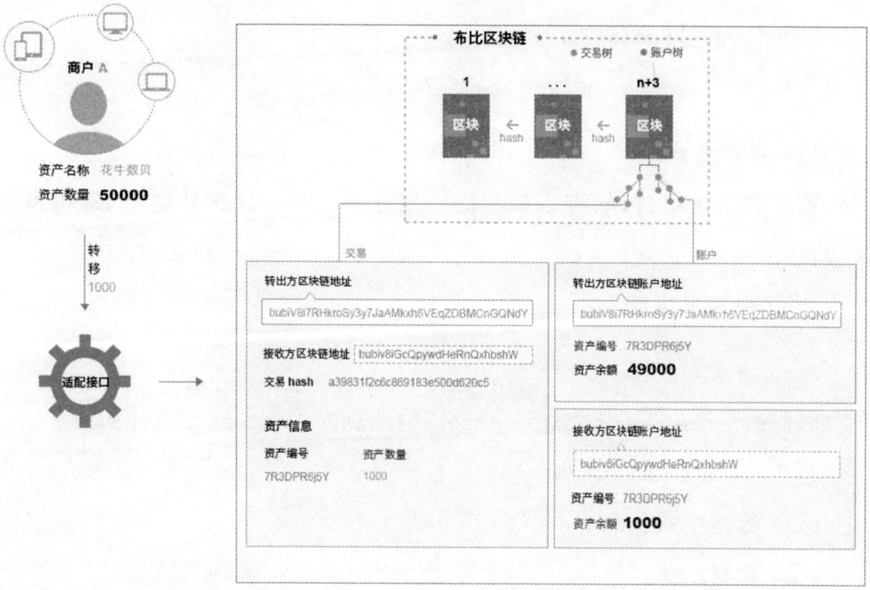

图 3.4　资产流通流程图

2）接口响应说明

```
数据返回成功：
{
    "err_code":"0",
    "msg":"成功",
    "data":
    {
        "bubi_address":"bubiV8i7c3fM7MPFfjZsP4h1zGLUEix4gXUnX8Ft"
```

```
    }
}
数据返回失败:
{
    "err_code":"20000",
    "msg":"AccessToken 已过期"
}
```

(2) 资产发行

资产数字化接口,如将 21300 花牛积分发行到布比区块链上,即可调用该接口。

1) 接口请求说明

```
http 请求方式:post
https://test.api.bubi.cn/asset/v1/issue? access_token=
      ACCESS_TOKEN
post 数据格式:json
post 数据示例:
    {
    "password":"asd123",
    "trade_no":"100000982014120351332",
    "asset_issuer":"bubiV8iAvbAN319uVJPm2qrxdJNgXSdFSiyQoQ4Y",
    "asset_name":"花牛数贝",
    "asset_unit":"牛贝",
    "asset_amount":"21300",
    "body":"test asset",
    "metadata":"xxxxx"
    }
```

2）接口响应说明

```
数据返回成功：
{
    "data"：{
        "asset_amount"：21300，
        "asset_code"：
"7R3DPR6j5YyxrcXa7QsUJckNDeMyR26MtZVnbN6d4kCkfNejKczfT
4j8adeJThRLcbBxPbGVuY5RNKqWSBcUFATW7smWuZzRfDUn"，
        "asset_issuer"：
"bubiV8iAvbAN319uVJPm2qrxdJNgXSdFSiyQoQ4Y"，
        "asset_name"："花牛数贝"，
        "asset_unit"："牛贝"，
        "bc_hash"：
"c44c595ce0a77d6a1f22a942ac397cc1cdc1edd654be56286a66af8364713b7d"
    }，
    "err_code"："0"，
    "msg"："操作成功"
}
数据返回失败：
{
    "err_code"："20000"，
    "msg"："AccessToken 已过期"
}
```

（3）资产流通

将资产数字化后，资产将会社会化流通。只要账户里有该资产就可以流动到区块链上的任意账户。

1）接口请求说明

http 请求方式:post

https://test.api.bubi.cn/asset/v1/send? access_token = ACCESS_TOKEN

post 数据格式:json

post 数据示例:

{
"trade_no" : "2015121822911",
"current_string" : "MqUq6TASQju57VcH",
"password" : "abcd100",
"asset_code" :
"7R3DPR6j5YyxrcXa7QsUJckNDeMyR26MtZVnbN6d4kCkfNejKczfT
4j8adeJThRLcbBxPbGVuY5RNKqWSBcUFATW7smWuZzRfDUn",
"asset_amount" : "240",
"from_bubi_address" :"bubiV8iAvbAN319uVJPm2qrxdJNgXSdFSiyQoQ4Y",
"to_bubi_address" : "bubiV8iG97JVp7V7XhdAQN4Be8jMxF3giphVeU27",
"metadata" : "xxxxx",
"sign" : "kfB53Q4aSJmDLyKguiP6mG5bee2XmtbTNQ2"
}

2）接口响应说明

数据返回成功:

{
"err_code":"0",
"msg":"资产转移成功",
"data":{

```
        "trade_no":"2015121822911",
"tran_date": "1458888418607",
"bc_hash":
"c44c595ce0a77d6a1f22a942ac397cc1cdc1edd654be56286a66af8364713b7d"
    }
}
数据返回失败:
{
    "err_code":"20000",
    "msg":"AccessToken 已过期"
}
```

3.2 互助保险

互助保险能够利用互联网技术极大降低普通人的保障成本,是符合社会和平价值观的社会保障新模式,但它也有一些潜在的问题,比如信息的公开透明。布比利用区块链的不可篡改及去信任化的特性,把发行、购买和理赔等业务用区块链来监督,就可以排除人为因素,保证了每一个会员的权益。

布比接口开发实例如下:

1. 典型场景

(1) 账号创建

账号创建流程如图 3.2 所示。

(2) 互助保险发行

互助保险发行流程图如图 3.5 所示。

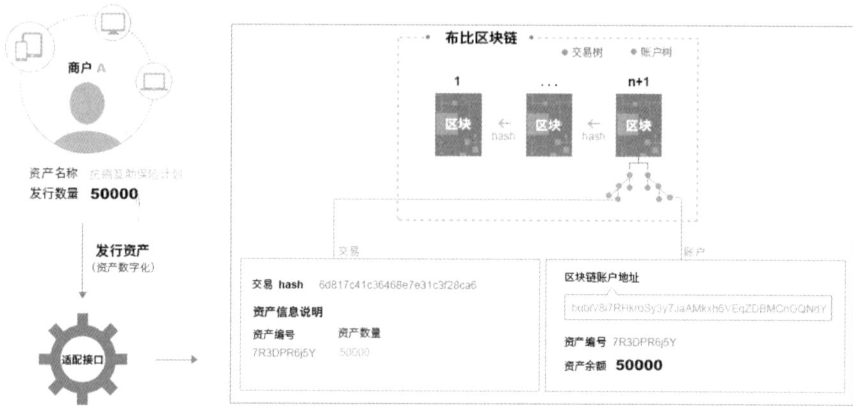

图 3.5 互助保险发行流程图

（3）互助保险购买

互助保险购买流程图如图 3.6 所示。

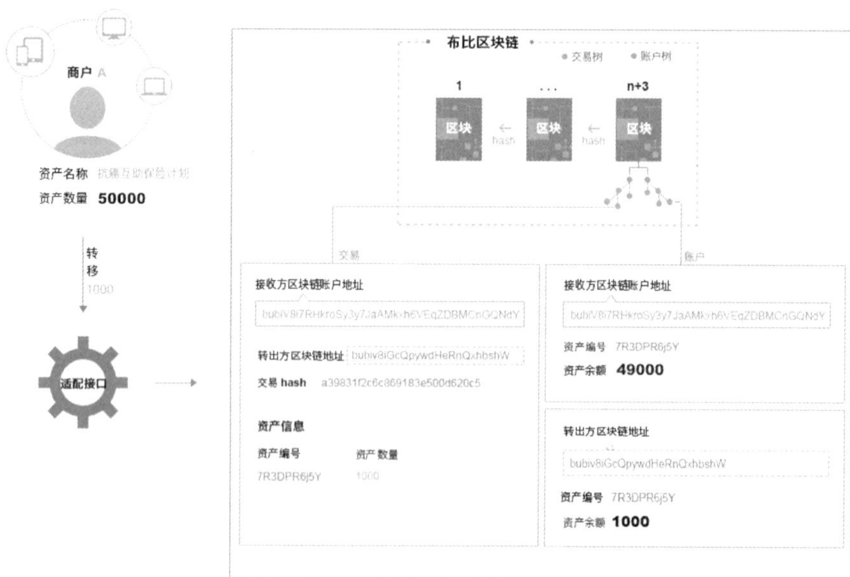

图 3.6 互助保险购买流程图

(4) 理赔申请

理赔申请流程图如图 3.7 所示。

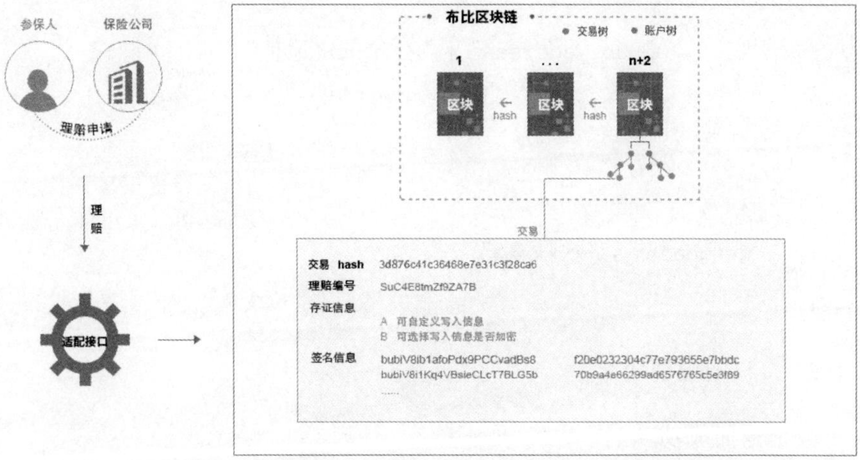

图 3.7 理赔申请流程图

2. API 设计及调用示例

(1) 理赔申请

会员进行理赔时,可将理赔申请的内容记录到区块链中。

1) 接口请求说明

```
http 请求方式:post
https://test.api.bubi.cn/fin/v1/settleClaim? access _ token =
        ACCESS_TOKEN
post 数据格式:json
post 数据示例:
    {
    "trade_no" : "1000009820141203515766",
    "signers" : [{
```

```
            "bubi_address" : "甲方布比地址",
            "password" : "甲方密码"
        },{
            "bubi_address" : "乙方布比地址",
            "password" : "乙方密码"
        }
    ],
    "metadata" : "xxxxxxx"
}
```

2）接口响应说明

数据返回成功：

```
{
    "err_code":"0",
    "msg":"成功",
    "data":
    {
        "evidence_id":"bubiV8i7c3fM7MPFfjZsP4h1zGLUEix4gXUnX8Ft",
        "bc_hash":"16399b5085ee5d3981f5076c33c5a0a66d7f2f3545
        b4d88501116a8bd53d13a5"
    }
}
```

数据返回失败：

```
{
    "err_code":"20000",
    "msg":"AccessToken 已过期"
}
```

3.3 记录存证

布比区块链记录存证将需要记录的内容(如文本、文件电子版、合同电子版、现场照片等)写入区块链中,各节点对该信息进行共同验证及存储,以保证信息的真实性与公正性。

1. 典型场景

(1) 创建存证

创建存证流程图如图 3.8 所示。

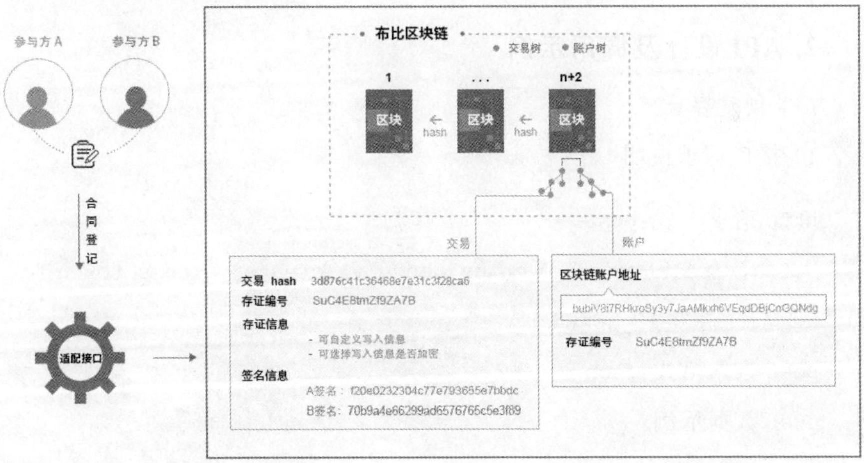

图 3.8 创建存证流程图

(2) 更新存证

更新存证流程图如图 3.9 所示。

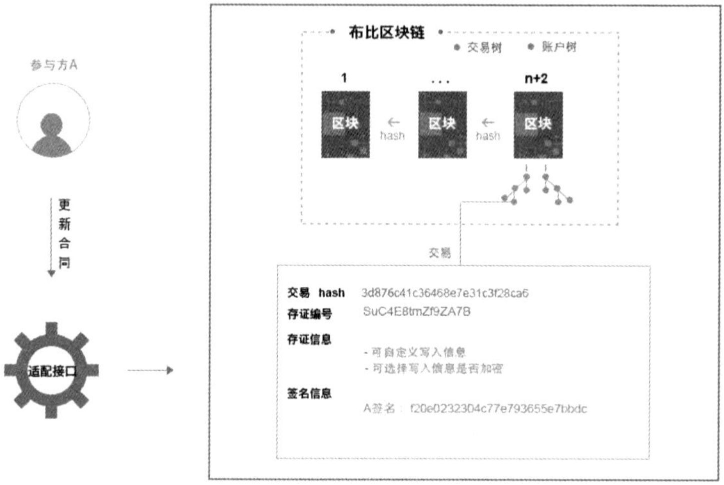

图 3.9 更新存证流程图

2. API 设计及调用示例

(1) 创建存证

1) 接口请求说明

```
http 请求方式:post
https://test1.api.bubi.cn/evidence/v1/create? access_token =
        ACCESS_TOKEN
post 数据格式:json
post 数据示例:
{
    "trade_no" : "100000982014120351332 2",
    "signers" : [{
            "bubi_address" : "甲方布比区块链地址",
            "password" : "甲方密码"
        }, {
```

```
            "bubi_address"："乙方布比区块链地址",
            "password"："乙方密码"
        }
    ],
    "metadata"："xxxxx"
}
```

2）接口响应说明

```
数据返回成功：
{
    "err_code":"0",
    "msg":"成功",
    "data":
    {
"evidence_id":"bubiV8i7c3fM7MPFfjZsP4h1zGLUEix4gXUnX8Ft",
"bc_hash":"16399b5085ee5d3981f5076c33c5a0a66d7f2f3545b4d
88501116a8bd53d13a5"
    }
}
数据返回失败：
{
    "err_code":"20000",
    "msg":"AccessToken 已过期"
}
```

(2) 追加存证

1) 接口请求说明

http 请求方式:post

https://test1.api.bubi.cn/evidence/v1/modify? access_token = ACCESS_TOKEN

post 数据格式:json

post 数据示例:

```
{
    "trade_no" : "100000982014l203513322",
    "evidence_id" : "bubiV8i7c3fM7MPFfjZsP4h1zGLUEix4gXUnX8Ft",
    "signers" : [{
            "bubi_address" : "甲方布比区块链地址",
            "password" : "甲方密码"
        }, {
            "bubi_address" : "乙方布比区块链地址",
            "password" : "乙方密码"
        }

    ],
    "metadata" : "xxxxx"
}
```

2) 接口响应说明

数据返回成功:

```
{
    "err_code":"0",
    "msg":"成功",
    "data":
```

```
    {
"bc_hash":"16399b5085ee5d3981f5076c33c5a0a66d7f2f3545b4d8850
 1116a8bd53d13a5"
    }
}
数据返回失败:
{
    "err_code":"20000",
    "msg":"AccessToken 已过期"
}
```

3.4 股权登记与交易

目前,股权登记需要人工处理,股东名册维护烦琐、历史交易维护和跟踪十分困难。布比区块链股权登记与交易平台如图 3.10 所示,完全数字化,区块链数字股权证书合法唯一,可以实现即时交易、流通。多方联合的公示公证机制对股权登记进行强化,实现安全透明、不可篡改、易于跟踪。

传统股权交易,以双方信用为基础,需要建立双边授信后才可进行交易,信用风险由交易双方自行承担,而交易平台集中承担市场交易参与者的信用风险。布比区块链股权交易,可以提高交易效率降低交易成本。股权所有权登记在区块链中,股权交易须所有者私钥签名才能验证通过,交易确认后,股权变更也会记录在区块链中,保障交易双方利益。

布比区块链"交易即结算"的特性使清算与结算几乎实时完成,提高"交易后"效率。监管方也可通过介入接口进行监管,提高业务的透明度与合规性,提高了监管与审计的效率。

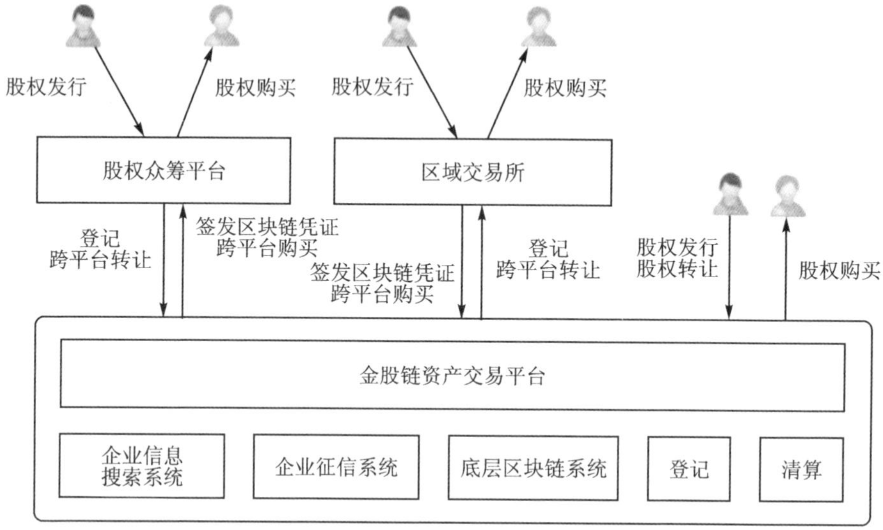

图 3.10　布比股权登记与交易平台

3.5　供应链金融

近年来，人们的消费能力不断提升，带动了若干产业的蓬勃发展。但低质、劣质产品的恶意盛行使消费体验不断下降。在这种粗放型发展和市场公信力缺失的背景下，各产业链条上的“品质型”中小企业很难被市场发现并得到长期认可，销售利润被假货、次品恶意掠夺，形成“柠檬市场”；各级渠道相对分散、割裂，导致企业对终端市场需求缺乏快速、准确地响应，容易受“牛鞭效应”影响，扭曲真实的需求信息；因信息不对称、数据缺乏公信力导致贷款、融资难以保障。由于普通消费者商品识别能力有限，“被假货”、“黑箱消费”等现象已是家常便饭；面对艺术品、珠宝、奢侈品等高端商品，许多消费者只能望而却步。这些发展中的行业痛点，称为“供应链之伤”。

不论是传统行业还是互联网行业，在供应链金融领域都存在一些共同的行业痛点：

✓ 中小企业融资难，融资成本高，尤其是轻资产类企业。

✓ 信息散落在供应链各家自有系统中，流通和融资环节存在信息重复验证，效率低下。

✓ 受各个供应链圈的信息流限制，中小企业和金融机构双向选择范围有限。

✓ 缺乏统一可靠的中小企业征信系统，金融机构风控难度大，风控成本全部转嫁给融资企业。

针对上述行业痛点，布比利用区块链供应链平台打通供应链上下游各个环节，促进供应链金融的良性生态建设：

✓ 区块链可以促使供应链参与方共同创建和维护一份各环节都认可的统一凭证，并保障其真实有效、不可篡改。

✓ 除了凭证的共享，项目/合同执行的过程也可以完整记录和跟踪，降低金融机构风控的难度，为中小企业提升融资的可能性，降低融资成本。

✓ 淡化供应链固有的圈子，扩大凭证授信范围，成为资产证券化、数字化的入口，增强流通性。

布比已建成具有高可信共识、低成本安全、分布式总账和高效链接多中心特点的区块链平台。在此基础上，布比通过将已有区块链平台与先进物联网技术进行整合，搭建供应链金融平台如图3.11所示，尝试解决"供应链之伤"。

布比区块链对供应链特性的支持，使每一个物品的静态（固有特性）和动态（流转、信用等）信息能够在生产制造企业、仓储企业、物流企业、各级分销商、零售商、电商、消费者以及政府监管机构中共享、共识。在链接商品供应链权属关系和上下游关系的同时，进一步有效链接间接发生关系的上下游企业。

物品管理：物品的新建是每个物品生命描述的开始。生产制造商在物品新建时进行基本特性描述，并生成物品的基础档案信息。同时，每个物品

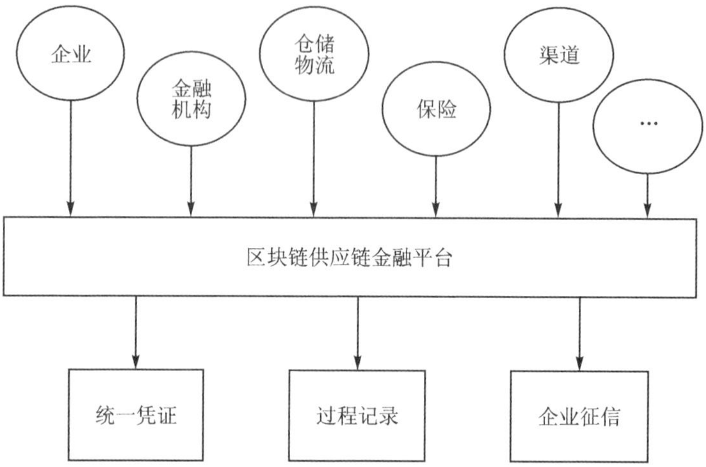

图 3.11　布比区块链供应链金融平台

的关键信息会以加密的方式存储到区块链平台中,这些信息均可以通过平台进行跟踪查询。

商品码管理(二维码、条形码):商品码是平台中标识一个物品的唯一加密字串,也称为"一物一码"。商品码可以理解为物品在平台中的身份证,被所有相关参与者所共识。通过使用智能手机、便携或大型射频、传感器装备等对物品的商品码进行自动识别,实现物品的 IoT 辅助管理、信息跟踪查询等。

上下游管理:上下游管理是指对供应链条的特定环节,对上实现对供应/服务商的管理,对下实现对客户/分销商的管理,基于区块链开放、共识特性,进一步包含有效链接了间接发生关系的上下游企业管理。企业不仅能够可靠地把握直接上下游企业的情况,建立交易关系,跟踪交易状况,还能够了解间接环节直至最终消费者的状况。

第 4 章

布萌区块链数字资产网络开发指南

布萌数字资产平台基于布比区块链技术，在布萌平台上开发的应用之间无需对接，即可实现布萌用户之间的数据信息流、价值流互联、互通，游戏装备、预付卡、电子券、商业积分、保险卡单等数字资产可实现安全可信的交易。布萌区块链技术已经成功地应用在商业积分、游戏币、游戏道具、预付卡、电子券、保险卡单、证券化资产、互助保险等行业和领域，形成了完善的产品服务体系。布萌开发的应用接口包括游戏交易、商业积分、慈善公益、互助保险、保险卡单等领域。合作伙伴包括格格积分、阳光保险、斑马社、钱香金融、物链、数倍荷包、金股链、甜橙征信、寻宝天行、喜乐羽球圈、多多币、华安保险、人人互助等。

布萌区块链数字资产网络通过开放接口，大家共同建立节点，共同维护用户数据，机构和个人开发者能自已单独开发应用，更容易获得发展，布萌区块链数字资产网络通过应用也增强了提供给用户服务的能力，最终实现多方共赢。布萌数字资产平台基于布比区块链技术，将上层应用所需要的功能组件进行封装，开发者想实现对应的功能，只需注册成为布萌开发者即可获得接口使用权限。平台提供开发者运行维护所需要的可视化管理工具(配置、监控、数据分析、区块链浏览器等)。下面对布萌区块链数字资产网络 API 接口规范进行详细介绍。

4.1 获取 access_token

access_token 是开发者平台的全局唯一票据，开发者调用接口时都需要使用。开发者需要将 access_token 妥善保存，它目前的有效期是 2 个小时，重新获取后上次获取的 access_token 将失效。

1. 接口请求说明

```
http 请求方式:post
https://test.api.bubi.cn/oauth2/token? client_id=appId&client_
    secret=appKey&grant_type=client_credentials
```

2. 参数说明

程序参数说明如表 4.1 所列。

表 4.1 程序参数说明(1)

参数	说明
client_id	第三方用户唯一凭证，即 appId
client_secret	第三方用户唯一凭证密钥，即 appKey
grant_type	获取 access_token 时需要填写的 client_credentials

3. 服务器响应

```
{    "access_token":"0d375f84e588559602ff2fac016fe505",
     "expires_in":7200
}
```

程序参数说明如表 4.2 所列。

表 4.2　程序参数说明(2)

参　数	说　明
access_token	获取到的票据
expires_in	票据的有效期,单位:秒

当前行业的痛点:传统的资产服务,需要相应的中间商,如:资产的所有者证明、真实性公正等均需要第三方的介入才可以完成。只有通过资产发行方、资产接收方、流通平台的三方介入,资产才可以完成整个流通过程。

在目前的三方模式中,存在以下几个行业痛点:① 资产进入流通后,仍必须依赖资产发行方才能完成使用、转移;② 第三方中间商介入可以为资产进行确权,但间接提高了流通成本、降低了流通效率;③ 传统的资产流通渠道非常有限,大渠道通常被行业龙头垄断、而小渠道很难形成规模。

4.2　注册布萌区块链账户

1. 使用场景

在某些场景下,一些用户的注册需要快速,资产转移时不需要资产拥有者确认时,布萌提供了账户安全级别低的接口,涉及的用户属性,可由开发者来处理。

2. 接口请求说明

```
http 请求方式:post
https://test.api.bubi.cn/account/v1/register? access_token =
        ACCESS_TOKEN
```

```
post 数据格式:json
post 数据示例:
    {
        "user_name":"nan_jiang36",
        "password":"qaz123",
        "trade_no":"1000009820141203515766"
    }
```

3. 参数说明

程序参数说明如表 4.3 所列。

表 4.3 程序参数说明(3)

参　数	说　明
access_token	调用接口凭证
user_name	账户名
password	账户密码
trade_no	凭据号,开发者需要保证其唯一

4. 服务器响应

```
数据返回成功:
{
    "err_code":"0",
    "msg":"成功",
    "data":
    {
        "bubi_address":"bubiV8i7c3fM7MPFfjZsP4h1zGLUEix4gXUnX8Ft"
    }
```

```
}
数据返回失败：
{
    "err_code":"20000",
    "msg":"AccessToken 已过期"
}
```

4.3 修改布萌区块链账户

调用该接口的开发者可以修改布萌账户密码,新密码直接更换旧密码。

1. 接口请求说明

```
http 请求方式:post
https://test.api.bubi.cn/account/v1/alterPwd? access_token=
        ACCESS_TOKEN
post 数据格式:json
post 数据示例:
    {
        "user_name":"nan_jiang36",
        "new_password":"qaz123",
        "trade_no":"1000009820141203515766"
    }
```

2. 参数说明

程序参数说明如表 4.4 所列。

表 4.4 程序参数说明(4)

参数	说明
access_token	调用接口凭证
user_name	账户名
new_password	账户新密码
trade_no	凭据号,开发者需要保证其唯一

3. 服务器响应

数据返回成功:


```
{
    "err_code":"0",
    "msg":"成功",
    "data":
    {
        "bubi_address":"bubiV8i7c3fM7MPFfjZsP4h1zGLUEix4gXUnX8Ft"
    }
}
```


数据返回失败:


```
{
    "err_code":"20000",
    "msg":"AccessToken 已过期"
}
```

4.4 获取账户私钥

布萌提供账户获取私钥功能,以便开发者能够在忘记私钥的情况下,查询私钥。

1. 接口请求说明

```
http 请求方式:post
https://test.api.bubi.cn/account/v1/privateKey? access_token =
      ACCESS_TOKEN
post 数据格式:json
post 数据示例:
{
    "password":"asd123",
    "bubi_address":"bubiV8iAvbAN319uVJPm2qrxdJNgXSdFSiyQoQ4Y"
}
```

2. 参数说明

程序参数说明如表 4.5 所列。

表 4.5 程序参数说明(5)

参 数	说 明
access_token	调用接口凭证
password	账户密码
bubi_address	账户的布萌地址

3. 服务器响应

json 格式如下:

```
数据返回成功:
{
    "err_code":"0",
    "msg":"成功",
    "data":
    {
    "private_key
    ":"Crj+5RLnWNmX27H4P9OEcStg1PlTyC4CMdcx/
    0in4xPlcOsYbPBpWT9pWeDOI0Pn0ZA0GX4WbV2J+3AJ0rQg1QR1vz/
    V3Jp+nEBtY8ufB3A="
    }
}
```

注意:加密私钥串解析规则，根据 bubi_tools_v1.x.jar 提供的解析方法,如

```
"EncryptUtil.decrypt(privStr,appKey);"
```

```
数据返回失败(一):
{
    "err_code":"20018",
    "msg":"授权码长度必须是 32"
}
数据返回失败(二):
{
    "err_code":"20000",
    "msg":" AccessToken  已过期"
}
数据返回失败(三):
{
```

```
    "err_code":"20002",
    "msg":"开发者 ID 授权存在异常"
}
数据返回失败(四):
{
    "err_code":"20004",
    "msg":"请求参数非法"
}
数据返回失败(五):
{
    "err_code":"20005",
    "msg":"参数格式非法"
}
数据返回失败(六):
{
    "err_code":"21701",
    "msg":"资产发行方账户密码不能为空"
}
数据返回失败(七):
{
    "err_code":"21406",
    "msg":"密码长度最少 8 个字符,最多 25 个字符"
}
数据返回失败(八):
{
    "err_code":"21600",
    "msg":"获取账户信息布萌 ID 不能为空"
```

```
}
数据返回失败(九):
{
    "err_code":"20019",
    "msg":"布萌 ID 长度必须是 40"
}
数据返回失败(十):
{
    "err_code":"21401",
    "msg":"开发者 ID 存在异常"
}
数据返回失败(十一):
{
    "err_code":"21601",
    "msg":"账户信息不存在"
}
数据返回失败(十二):
{
    "err_code":"21823",
    "msg":"获取私钥时,出现异常"
}
数据返回失败(十三):
{
    "err_code":" 21824",
    "msg":"获取私钥时,解密失败"
}
```

4.5　同步发行资产

开发者可以通过该接口自行发行资产。当开发者发行带有效期的资产时,需要设置资产明细列表,具体详见示例。

1. 接口请求说明

```
http 请求方式:post
https://test.api.bubi.cn/asset/v1/issue? access_token =
      ACCESS_TOKEN
post 数据格式:json
post 数据示例:
示例 1:发行普通资产。
   {
   "password":"asd123",
   "trade_no":"100000982014120351332 2",
   "asset_issuer":"bubiV8iAvbAN319uVJPm2qrxdJNgXSdFSiyQoQ4Y",
   "asset_name":"绿耳朵资产",
   "asset_unit":"朵",
   "asset_amount":"21300",
   "body":"test asset",
   "metadata":"xxxxx"
   }
示例 2:发行指定有效期起始时间后,资产才拥有有效期。其支持混合
```

组合，为了能通过区块链审核，请注意明细里资产数量之和必须与待发行资产数量相等。


```
{
"password":"asd123",
"trade_no":"10000098201412035l3322",
"asset_issuer":"bubiV8iAvbAN319uVJPm2qrxdJNgXSdFSiyQoQ4Y",
"asset_name":"绿耳朵资产",
"asset_unit":"朵",
"asset_amount":"21300",
"details":[
        {
          "amount" : 20000,
          "start" : 1451535556,
          "length" : 31536000,
          "ext" : "资产描述"
        },
    {
           "amount" : 300,
           "start" : 1451535975,
           "length" : 31536000,
           "ext" : "资产描述"
       },
    {
```

```
            "amount" : 1000,
            "start" : 1451535975,
            "length" : 0,
            "ext" : "资产描述"
        }
    ],
    "body":"test asset",
    "metadata":"xxxxx"

}
```

2. 参数说明

程序参数说明如表 4.6 所列。

表 4.6　程序参数说明(6)

参　数	说　明
access_token	调用接口凭证
password	待发行资产的账户密码
trade_no	第三方平台内部的订单号,如:2015121822992
asset_amount	发行资产数量,如 1 250 分(等价于 12.5 元)
asset_issuer	资产发行商的布萌地址
asset_name	资产名称(带中文,请用 utf - 8 进行编码)
asset_unit	资产单位
body	说明(可选)
details	资产明细列表(可选),若填写资产明细里的资产数量则总和必须等于发行资产数量,即公式 details.amount[0] +details.amount[2] +…=asset_amount

续表 4.6

参　数	说　明
details.amount	资产数量
details.start	资产有效期起始时间,linux 时间戳
details.length	资产有效期,(－1 未初始化,0 有效期为永久,大于 0 有效期单位为秒)
details.ext	资产描述(可选)
metadata	扩展字段(可选)

3. 服务器响应

数据返回成功：

```
{
    "data": {
        "asset_amount": 21300,
        "asset_code":
"7R3DPR6j5YyxrcXa7QsUJckNDeMyR26MtZVnbN6d4kCkfNejKczfT4j8ade
JThRLcbBxPbGVuY5RNKqWSBcUFATW7smWuZzRfDUn",
        "asset_issuer": "bubiV8iAvbAN319uVJPm2qrxdJNgXSdFSiyQoQ4Y",
        "asset_name": "绿耳朵资产",
        "asset_unit": "朵",
"asset_unit": "朵",
        "bc_hash":
"c44c595ce0a77d6a1f22a942ac397cc1cdc1edd654be56286a66af8364713b7d"
    },
    "err_code": "0",
    "msg": "操作成功"
```

```
}
数据返回失败：
{
    "err_code":"20000",
    "msg":"AccessToken 已过期"
}
```

4.6 异步发行资产

开发者可以通过该接口自行发行资产，布萌服务器接收到请求数据后会立即响应给开发者结果为"资产正在发行"（正在进行区块链数据交互）。交互结果不管成功还是失败，布萌服务器都会主动通知开发者，具体见"布萌通知接口"。

1. 接口请求说明

```
http 请求方式:post
https://test.api.bubi.cn/asset/v1/issueAsync? access_token =
        ACCESS_TOKEN
post 数据格式:json
post 数据示例：
示例 1:发行普通资产。
    {
    "password":"asd123",
    "trade_no":"1000009820141203513322",
```

```
"asset_issuer":"bubiV8iAvbAN319uVJPm2qrxdJNgXSdFSiyQoQ4Y",
"asset_name":"绿耳朵资产",
"asset_unit":"朵",
"asset_amount":"21300",
"body":"test asset",
"metadata":"xxxxx"
}
```

示例2:发行指定有效期起始时间后,资产才拥有有效期。其支持混合组合,为了能通过区块链审核,请注意明细里资产数量之和必须与待发行资产数量相等。

```
{
"password":"asd123",
"trade_no":"1000009820141203513322",
"asset_issuer":"bubiV8iAvbAN319uVJPm2qrxdJNgXSdFSiyQoQ4Y",
"asset_name":"绿耳朵资产",
"asset_unit":"朵",
"asset_amount":"21300",
"details":[
        {
        "amount" : 20000,
        "start" : 1451535556,
        "length" : 31536000,
        "ext" : "资产描述"
        },
    {
```

```
            "amount" : 300,
            "start" : 1451535975,
            "length" : 31536000,
            "ext" : "资产描述"
        },
        {
            "amount" : 1000,
            "start" : 1451535975,
            "length" : 0,
           "ext" : "资产描述"
        }
    ],
    "body":"test asset",
    "metadata":"xxxxx"

}
```

2. 参数说明

程序参数说明如表 4.7 所列。

表 4.7　程序参数说明(7)

参　数	说　明
access_token	调用接口凭证
password	账户密码
trade_no	第三方平台内部的订单号,如:2015121822992
asset_amount	发布资产数量,如 1 250 分(等价于 12.5 元)
asset_issuer	资产发行商的布萌地址

续表 4.7

参 数	说 明
asset_name	资产名称(带中文,请用 utf-8 进行编码)
asset_unit	资产单位,请以计量单位最小单位,如 12.5 元等价于 1 250 分,以分为作为单位
body	说明(可选)
details	资产明细列表(可选),若填写资产明细里的资产数量则总和必须等于发行资产数量,即公式 details.amount[0] +details.amount[2] = asset_amount
details.amount	资产数量
details.start	资产有效期起始时间,linux 时间戳
details.length	资产有效期,(-1 未初始化,0 有效期为永久,大于 0 有效期单位为秒)
details.ext	资产描述(可选)
metadata	扩展字段(可选)

3. 服务器响应

数据返回成功:

```
{
    "data":{
            "trade_no":"1000009820141203513322"
    },
    "err_code":"0",
    "msg":"资产正在发行"
}
```

数据返回失败:

```
{
    "err_code":"20000",
    "msg":"AccessToken 已过期"
}
```

4.7 同步追加发行资产

开发者可以通过该接口自行追加发行资产。当开发者追加发行带有效期的资产时,需要设置资产明细列表,具体详见示例。

1. 接口请求说明

```
http 请求方式:post
https://test.api.bubi.cn/asset/v1/add2Issue? access_token=
        ACCESS_TOKEN
post 数据格式:json
post 数据示例:
示例 1:发行普通资产。
    {
    "password":"asd123",
    "trade_no":"1000009820141203513322",
    "asset_code":
    "7R3DPR6j5YyxrcXa7QsUJckNDeMyR26MtZVnbN6d4k
    CkfNejKczfT4j8adeJThRLcbBxPbGVuY5RNKqWSBcUFATW7smWuZzRfDUn",
    "asset_amount":"21300",
```

```
    "metadata":"xxxxx"
    }
```

示例 2:发行指定有效期起始时间后,资产才拥有有效期。其支持混合组合,为了能通过区块链审核,请注意明细里资产数量之和必须与待发行资产数量相等。

```
{
    "password":"asd123",
    "trade_no":"10000098201412035l3322",
    "asset_code":
"7R3DPR6j5YyxrcXa7QsUJckNDeMyR26MtZVnbN6d4kCkfNejKczfT4j8adeJThRLcbBxPbGVuY5RNKqWSBcUFATW7smWuZzRfDUn",
    "asset_amount":"21300",
    "details":[
        {
        "amount" : 20000,
        "start" : 1451535556,
        "length" : 31536000,
        "ext" : "资产描述"
        },
    {
        "amount" : 300,
        "start" : 1451535975,
        "length" : 31536000,
        "ext" : "资产描述"
        },
    {
```

```
            "amount" : 1000,
            "start" : 1451535975,
            "length" : 0,
            "ext" : "资产描述"
        }
    ],
    "metadata":"xxxxx"
}
```

2. 参数说明

程序参数说明如表 4.8 所列。

表 4.8 程序参数说明(8)

参 数	说 明
access_token	调用接口凭证
password	账户密码
trade_no	第三方平台内部的订单号,如:2015121822992
asset_amount	发行资产数量,如 1 250 分(等价于 12.5 元)
asset_code	待追加资产编码
details	资产明细列表(可选),若填写资产明细里的资产数量则总和必须等于发行资产数量,即公式 details.amount[0] +details.amount[2] +…=asset_amount
details.amount	资产数量
details.start	资产有效期起始时间,linux 时间戳
details.length	资产有效期,(−1 未初始化,0 有效期为永久,大于 0 有效期单位为秒)
details.ext	资产描述(可选)
metadata	扩展字段(可选)

3. 服务器响应

数据返回成功：

{
    "data"：{
        "asset_amount"：21300，
        "asset_code"：
"7R3DPR6j5YyxrcXa7QsUJckNDeMyR26MtZVnbN6d4kCkfNejKczfT
4j8adeJThRLcbBxPbGVuY5RNKqWSBcUFATW7smWuZzRfDUn"，
        "asset_issuer"：
"bubiV8iAvbAN319uVJPm2qrxdJNgXSdFSiyQoQ4Y"，
        "asset_name"："绿耳朵资产"，
        "asset_unit"："朵"，
"bc_hash"：
"c44c595ce0a77d6a1f22a942ac397cc1cdc1edd654be56286a66af8364713b7d"
    }，
    "err_code"："0"，
    "msg"："操作成功"
}

数据返回失败：

{
    "err_code"："20000"，
    "msg"："AccessToken 已过期"
}

4.8 异步追加发行资产

开发者可以通过该接口自行发行资产，布萌服务器接收到请求数据后会立即响应给开发者结果为“资产正在发行”（正在进行区块链数据交互）。交互结果不管成功还是失败，布萌服务器都会主动通知开发者，具体详见“布萌通知接口”。

1. 接口请求说明

```
http请求方式:post
https://test.api.bubi.cn/asset/v1/add2IssueAsync? access_
      token = ACCESS_TOKEN
post数据格式:json
post数据示例:
示例1:发行普通资产。
    {
    "password":"asd123",
    "trade_no":"100000982014120351332 2",
    "asset_code":
"7R3DPR6j5YyxrcXa7QsUJckNDeMyR26MtZVnbN6d4kCkfNejKczfT4j8adeJThRLcbBx
PbGVuY5RNKqWSBcUFATW7smWuZzRfDUn",
    "asset_amount":"21300",
    "metadata":"xxxxx"
    }
```

示例 2:发行指定有效期起始时间后,资产才拥有有效期。其支持混合组合,为了能通过区块链审核,请注意明细里资产数量之和必须与待发行资产数量相等。

```
{
    "password":"asd123",
    "trade_no":"1000009820141203513322",
    "asset_code":
"7R3DPR6j5YyxrcXa7QsUJckNDeMyR26MtZVnbN6d4kCkfNejKczfT4j8ade
JThRLcbBxPbGVuY5RNKqWSBcUFATW7smWuZzRfDUn",
    "asset_amount":"21300",
    "details":[
            {
             "amount" : 20000,
             "start" : 1451535556,
             "length" : 31536000,
             "ext" : "资产描述"
            },
        {
              "amount" : 300,
              "start" : 1451535975,
              "length" : 31536000,
              "ext" : "资产描述"
            },
        {
              "amount" : 1000,
              "start" : 1451535975,
```

```
            "length" : 0,
            "ext" : "资产描述"
        }
    ],
    "metadata":"xxxxx"
}
```

2. 参数说明

程序参数说明如表 4.9 所列。

表 4.9　程序参数说明(9)

参　数	说　明
access_token	调用接口凭证
password	账户密码
trade_no	第三方平台内部的订单号,如:2015121822992
asset_amount	发布资产数量,如 1 250 分(等价于 12.5 元)
asset_issuer	资产发行商的布萌地址
asset_code	待追加资产编码
details	资产明细列表(可选),若填写资产明细里的资产数量则总和必须等于发行资产数量,即公式 details.amount[0] +details.amount[2] =asset_amount
details.amount	资产数量
details.start	资产有效期起始时间,linux 时间戳
details.length	资产有效期,(−1 未初始化,0 有效期为永久,大于 0 有效期单位为秒)
details.ext	资产描述(可选)
metadata	扩展字段(可选)

3. 服务器响应

```
数据返回成功:
{
    "data": {
        "trade_no": "1000009820141203513322"
    },
    "err_code": "0",
    "msg": "资产正在追加发行"
}
数据返回失败:
{
    "err_code":"20000",
    "msg":"AccessToken 已过期"
}
```

4.9 同步资产转移

开发者可以通过本接口来完成资产的转移。

1. 接口请求说明

```
http 请求方式:post
https://test.api.bubi.cn/asset/v1/send? access_token =
        ACCESS_TOKEN
post 数据格式:json
post 数据示例:
```

```
{
    "current_string": "MqUq6TASQju57VcH",
    "password": "abcd100",
    "sign": "kfB53Q4aSJmDLyKguiP6mG5bee2XmtbTNQ2",
    "trade_no": "2015121822911",
    "asset_code":
"7R3DPR6j5YyxrcXa7QsUJckNDeMyR26MtZVnbN6d4kCkfNejKczfT4j
8adeJThRLcbBxPbGVuY5RNKqWSBcUFATW7smWuZzRfDUn",
    "asset_amount": "240",
    "from_bubi_address":
    "bubiV8iAvbAN319uVJPm2qrxdJNgXSdFSiyQoQ4Y",
    "to_bubi_address":
    "bubiV8iG97JVp7V7XhdAQN4Be8jMxF3giphVeU27",
    "details":[
            {
             "amount" : 200,
             "start" : 1451535556,
             "length" : 31536000,
             "ext" : "资产描述"
            },
       {
             "amount" : 30,
             "start" : 1451535975,
             "length" : 31536000,
             "ext" : "资产描述"
```

```
        },
        {
            "amount" : 10,
            "start" : 1451535975,
            "length" : 0,
            "ext" : "资产描述"
        }
    ],
    "metadata":"xxxxx"
}
```

2. 参数说明

程序参数说明如表 4.10 所列。

表 4.10 程序参数说明(10)

参 数	说 明
curr_str	随机字符串,不长于 32 位
sign	交易签名,见签名算法
password	资产转出方的账户密码
body	资产描述或交易摘要,不长于 50 位(可选项)
trade_no	开发者内部的凭据号,如:2015121822992
asset_name	资产名称,带中文,请用 utf-8 进行 url 编码
asset_unit	资产单位,带中文,请用 utf-8 进行 url 编码
asset_code	资产代码,转出方给转入方转让的资产标识(全网唯一)
asset_amount	资产转移数量,参数不带小数点
from_bubi_address	资产转出方(该客户的布萌区块链地址)
to_bubi_address	资产转入方(该客户的布萌区块链地址)

续表 4.10

参　数	说　明
details	资产明细列表(可选),若填写资产明细里的资产数量则总和必须等于资产转移数量,即公式 details.amount[0] +details.amount[2] = asset_amount
details.amount	资产数量
details.start	资产有效期起始时间,linux 时间戳
details.length	资产有效期,(－1 未初始化,0 有效期为永久,大于 0 有效期单位为秒)
metadata	扩展字段(可选)

3. 服务器响应

数据返回成功:

{
    "err_code":"0",
    "msg":"资产转移成功",
    "data":{
            "trade_no":"2015121822911",
"tran_date": "1458888418607",

"bc_hash":
"c44c595ce0a77d6a1f22a942ac397cc1cdc1edd654be56286a66af8364713b7d"
    }
}

数据返回失败:

{

```
    "err_code":"20000",
    "msg":"AccessToken 已过期"
}
```

4.10 异步资产转移

开发者可以通过本接口来完成资产的异步转移。布萌服务器接收到请求数据后会立即响应给开发者资产正在转移(正在进行区块链数据交互)。交互结果不管成功还是失败,布萌服务器都会主动通知开发者,具体详见“布萌通知接口”。

1. 接口请求说明

```
http 请求方式:post
https://test.api.bubi.cn/asset/v1/sendAsync? access _ token =
        ACCESS_TOKEN
post 数据格式:json
post 数据示例:
{
    "current_string": "MqUq6TASQju57VcH",
    "password": "abcd100",
    "sign": "kfB53Q4aSJmDLyKguiP6mG5bee2XmtbTNQ2",
    "trade_no": "2015121822911",
    "asset_code":
"7R3DPR6j5YyxrcXa7QsUJckNDeMyR26MtZVnbN6d4kCkfNej
KczfT4j8adeJThRLcbBxPbGVuY5RNKqWSBcUFATW7smWuZzRfDUn",
```

```
    "asset_amount": "10000",
    "from_bubi_address":
    "bubiV8iAvbAN319uVJPm2qrxdJNgXSdFSiyQoQ4Y",
    "to_bubi_address":
    "bubiV8iG97JVp7V7XhdAQN4Be8jMxF3giphVeU27",
    "details":[
          {
            "amount" : 200,
            "start" : 1451535556,
            "length" : 31536000,
            "ext" : "资产描述"
          },
      {
             "amount" : 30,
             "start" : 1451535975,
             "length" : 31536000,
             "ext" : "资产描述"
         },
      {
             "amount" : 10,
             "start" : 1451535975,
             "length" : 0,
             "ext" : "资产描述"
         }
       ],
    "metadata":"xxxxx"
}
```

2. 参数说明

程序参数说明如表 4.11 所列。

表 4.11　程序参数说明(11)

参　数	说　明
curr_str	随机字符串，不长于 32 位
sign	交易签名，见签名算法
password	资产转出方的账户密码
body	资产描述或交易摘要，不长于 50 位(可选项)
trade_no	开发者内部的凭据号，如：2015121822992
asset_name	资产名称，带中文，请用 utf-8 进行 url 编码
asset_unit	资产单位，带中文，请用 utf-8 进行 url 编码
asset_code	资产代码，转出方给转入方转让的资产标识(全网唯一)
asset_amount	资产交易数量，参数不带小数点
from_bubi_address	资产转出方(该客户的布萌区块链地址)
to_bubi_address	资产转入方(该客户的布萌区块链地址)
details	资产明细列表(可选)，若填写资产明细里的资产数量则总和必须等于交易资产数量，即公式 details.amount[0] +details.amount[2]=asset_amount
details.amount	资产数量
details.start	资产有效期起始时间，linux 时间戳
details.length	资产有效期，(−1 未初始化，0 有效期为永久，大于 0 有效期单位为秒)
details.ext	资产描述(可选)
metadata	扩展字段(可选)

3. 服务器响应

数据返回成功：

{
    "data"：{
            "trade_no"："2015121822911"
    },
    "err_code"："0",
    "msg"："资产正在转移"
}

数据返回失败：

{
    "err_code":"20000",
    "msg":"AccessToken 已过期"
}

4.11 同步资产发放

开发者可以通过本接口对待发放资产设置有效期后，进行资产发放。该资产必须是发行资产时资产明细设置为未设置(details.length = －1)的资产。

1. 接口请求说明

```
http 请求方式:post
https://test.api.bubi.cn/asset/v1/grant? access_token =
      ACCESS_TOKEN
post 数据格式:json
post 数据示例:
{
    "current_string": "MqUq6TASQju57VcH",
    "password": "abcd100",
    "sign": "kfB53Q4aSJmDLyKguiP6mG5bee2XmtbTNQ2",
    "trade_no": "2015121822911",
    "asset_code":
"7R3DPR6j5YyxrcXa7QsUJckNDeMyR26MtZVnbN6d4kCkfNejKczfT
4j8adeJThRLcbBxPbGVuY5RNKqWSBcUFATW7smWuZzRfDUn",
    "asset_amount": "240",
    "from_bubi_address":
    "bubiV8iAvbAN319uVJPm2qrxdJNgXSdFSiyQoQ4Y",
    "to_bubi_address":
    "bubiV8iG97JVp7V7XhdAQN4Be8jMxF3giphVeU27",
    "details":[
            {
             "amount" : 200,
             "start" : 1451535556,
             "length" : 1000,
             "ext" : "资产描述"
            },

        {
```

```
            "amount" : 30,
            "length" : 0,
            "ext" : "资产描述"
        },
      {
            "amount" : 10,
            "start" : 1451535975,
            "length":200000,
            "ext" : "资产描述"
        }
      ],
  "metadata":"xxxxx"
}
```

2. 参数说明

程序参数说明如表 4.12 所列。

表 4.12　程序参数说明(12)

参　数	说　明
curr_str	随机字符串,不长于 32 位
sign	交易签名,见签名算法
password	资产转出方的账户密码
body	资产描述或交易摘要,不长于 50 位(可选项)
trade_no	开发者内部的凭据号,如:2015121822992
asset_name	资产名称,带中文,请用 utf-8 进行 url 编码
asset_unit	资产单位,带中文,请用 utf-8 进行 url 编码

续表 4.12

参　数	说　明
asset_code	资产代码,转出方给转入方转让的资产标识(全网唯一)
asset_amount	资产交易数量,参数不带小数点
from_bubi_address	资产转出方(该客户的布萌区块链地址)
to_bubi_address	资产转入方(该客户的布萌区块链地址)
details	资产明细列表(可选),若填写资产明细里的资产数量则总和必须等于发放资产数量,即公式 details.amount[0] +details.amount[2]=asset_amount
details.amount	资产数量
details.start	资产有效期起始时间,linux 时间戳
details.length	资产有效时间,0 表示永久有效
details.ext	资产描述(可选)
metadata	扩展字段(可选)

3. 服务器响应

数据返回成功:

```
{
    "err_code":"0",
    "msg":"成功",
    "data":{
            "trade_no":"2015121822911",
"grant_date": "1458888418607",
"bc_hash":
"c44c595ce0a77d6a1f22a942ac397cc1cdc1edd654be56286a66af8364713b7d"
    }
```

```
}
数据返回失败：
{
    "err_code":"20000",
    "msg":"AccessToken 已过期"
}
```

4.12 异步资产发放

开发者可以通过本接口来完成资产的异步资产发放。布萌服务器接收到请求数据后会立即响应给开发者资产正在发放(正在进行区块链数据交互)。交互结果不管成功还是失败,布萌服务器都会主动通知开发者,具体详见“布萌通知接口”。

1. 接口请求说明

```
http 请求方式:post
https://test.api.bubi.cn/asset/v1/grantAsync? access_token =
        ACCESS_TOKEN
post 数据格式:json
post 数据示例:
{
    "current_string": "MqUq6TASQju57VcH",
    "password": "abcd100",
    "sign": "kfB53Q4aSJmDLyKguiP6mG5bee2XmtbTNQ2",
```

```
    "trade_no": "2015121822911",
    "asset_code":
"7R3DPR6j5YyxrcXa7QsUJckNDeMyR26MtZVnbN6d4kCkfNejKczfT
4j8adeJThRLcbBxPbGVuY5RNKqWSBcUFATW7smWuZzRfDUn",
    "asset_amount": "240",
    "from_bubi_address":
    "bubiV8iAvbAN319uVJPm2qrxdJNgXSdFSiyQoQ4Y",
    "to_bubi_address":
    "bubiV8iG97JVp7V7XhdAQN4Be8jMxF3giphVeU27",
    "details":[
            {
            "amount" : 200,
            "start" : 1451535556,
            "length" : 1000,
            "ext" : "资产描述"
            },
        {
            "amount" : 30,
            "length" : 0,
            "ext" : "资产描述"
        },
        {
            "amount" : 10,
```

```
                "start" : 1451535975,
                "length":200000,
               "ext" : "资产描述"
            }
        ],
    "metadata":"xxxxx"
}
```

2. 参数说明

程序参数说明如表 4.13 所列。

表 4.13　程序参数说明(13)

参　数	说　明
curr_str	随机字符串,不长于 32 位
sign	交易签名,见签名算法
password	资产转出方的账户密码
body	资产描述或交易摘要,不长于 50 位(可选项)
trade_no	开发者内部的凭据号,如:2015121822992
asset_name	资产名称,带中文,请用 utf-8 进行 url 编码
asset_unit	资产单位,带中文,请用 utf-8 进行 url 编码
asset_code	资产代码,转出方给转入方转让的资产标识(全网唯一)
asset_amount	资产交易数量,参数不带小数点
from_bubi_address	资产转出方(该客户的布萌区块链地址)
to_bubi_address	资产转入方(该客户的布萌区块链地址)

续表 4.13

参　数	说　明
details	资产明细列表(可选),若填写资产明细里的资产数量总和必须等于发放资产数量,即公式 details.amount[0] +details.amount[2]=asset_amount
details.amount	资产数量
details.start	资产有效期起始时间,linux 时间戳
details.length	资产有效时间,0 表示永久有效
metadata	扩展字段(可选)

3. 服务器响应

数据返回成功:


```
{
    "data": {
            "trade_no": "2015121822911"
    },
    "err_code": "0",
    "msg": "资产正在发放"
}
```


数据返回失败:


```
{
    "err_code":"20000",
    "msg":"AccessToken 已过期"
}
```

4.13 获取账户信息

开发者可以通过本接口来获取开发者的用户账户信息。

1. 接口请求说明

```
http 请求方式：get
https://test.api.bubi.cn/account/v1/info? bubi_address =
bubiV8hyiVJUfp778o5h9MzAKPoLiGpgQ3FoMUDj&access_token =
ACCESS_TOKEN
```

2. 参数说明

程序参数说明如表 4.14 所列。

表 4.14 程序参数说明(14)

参 数	说 明
access_token	调用接口凭证
bubi_address	用户唯一的布比区块链地址

3. 服务器响应

```
数据返回成功：
{
    "data": {
        "assets": [{
            "amount": 23,
            "code":
"7R3DPR6j5Xe3WviYGZhbTAugvqW5f6UyBULkTG8afZTVogbqkj
```

```
QSZmGQ7BH8WdPRs5gWuB2nQZ6rCx3xQhM4CZrwJvvEovgGkBry",
            "details": [{
                "amount": 23,
                "ext": "",
                "length": -1,
                "start": 1452941880
            }]
        },
        {
            "amount": 50,
            "code":
"7R3DPR6j5Xe3WviYGZhbTAugvqW5f6UyBULkTG8afZTVogbqkj
QSZmGQ7rpM4Rnb9FFrKgvxS5CcbSrhSbw2ErWxp9eF8SSGTGpP",
            "details": [{
                "amount": 10,
                "ext": "",
                "length": 3600,
                "start": 1452941880
            },
            {
                "amount": 10,
                "ext": "",
                "length": 36001,
                "start": 1452941880
            },
            {
                "amount": 30,
```

```
                    "ext": "",
                    "length": -1,
                    "start": 1452941880
                }]
            },
            {
                "amount": 44,
                "code":
"7R3DPR6j5Xe3WviYGZhbTAugvqW5f6UyBULkTG8afZTVogbqkj
QSZmGQ7ji4JSFoKuEWFWGQkDqDkhH821wkYm9dt8GHVg34C3Aj",
                "details": [{
                    "amount": 10,
                    "ext": "",
                    "length": 3600,
                    "start": 1452941880
                },
                {
                    "amount": 10,
                    "ext": "",
                    "length": 36001,
                    "start": 1452941880
                },
                {
                    "amount": 24,
                    "ext": "",
                    "length": -1,
                    "start": 1452941880
```

```
            }]
        },
        {
            "amount"：45，
            "code"：
"7R3DPR6j5Xe3WviYGZhbTAugvqW5f6UyBULkTG8afZTVogbqkj
QSZmGQ7ji4JSFoKuEWFWGQkDqDkhH821wkYm9dt8GHVg34C3Aj"，
            "details"：[{
                "amount"：10，
                "ext"：""，
                "length"：3600，
                "start"：1452941880
            }，
            {
                "amount"：10，
                "ext"：""，
                "length"：36001，
                "start"：1452941880
            }，
            {
                "amount"：25，
                "ext"：""，
                "length"：-1，
                "start"：1452941880
            }]
        }，
        {
```

```
            "amount": 20,
            "code":
"7R3DPR6j5Xe3WviYGZhbTAugvqW5f6UyBULkTG8afZTVogbqkjQSZm
GQ7f64y5GpEkaNhavVCPqUaZEXT6pWxrgvcsXwqfgnLoZ5",
            "details": [{
                "amount": 10,
                "ext": "",
                "length": 3600,
                "start": 1452941880
            },
            {
                "amount": 10,
                "ext": "",
                "length": 36001,
                "start": 1452941880
            }]
        }],
        "bubi_address":
        "bubiV8hyiVJUfp778o5h9MzAKPoLiGpgQ3FoMUDj",
        "last_close_time":1453531750
    },
    "err_code": "0",
    "msg": "操作成功"
}
数据返回失败:
{
    "err_code":"20000",
    "msg":"AccessToken 已过期"
}
```

服务器响应的主要参数说明如表 4.15 所列。

表 4.15　程序参数说明(15)

参　数	说　明
data.assets.amount	当前拥有资产数量
data.assets.code	资产代码,即所拥有的资产

4.14　获取交易信息

开发者可以通过本接口来获取开发者的用户交易信息。

1. 接口请求说明

```
http 请求方式:get
https://test.api.bubi.cn/account/v1/transaction? bubi _ address =
bubiV8hwmNvQ7M4VsQ7FMNM1WGiQv7RTA4GDzQbt&access_token = ACCESS_TOKEN
```

2. 参数说明

程序参数说明如表 4.14 所列。

3. 服务器响应

```
数据返回成功:
{
    "data": {
        "transactions": [{
            "operations": [{
                "asset_amount": 100,
                "asset_code":
"7R3DPR6j5XdGghEbK8d8vScvw4MHjfKb4rGHVUFwf3h3SVD2
```

```
iYVyfmzYLEDhYboogkoCytqHAJkhNowEzL4RcE55mGnavseecq4C"，
                    "asset_issuer"：
"bubiV8hwmNvQ7M4VsQ7FMNM1WGiQv7RTA4GDzQbt"，
                    "asset_type"：1，
                    "type"：2
                }]，
                "source_address"：
"bubiV8hwmNvQ7M4VsQ7FMNM1WGiQv7RTA4GDzQbt"
            }，
            {
                "operations"：[{
                    "asset_amount"：21300，
                    "asset_code"：
"7R3DPR6j5XdGghEbK8d8vScvw4MHjfKb4rGHVUFwf3h3SVD2iYVyfmz
YHGPbCapD8CHWG34mi9DGbBM5eb6MGd63EhYoAdp1bS25"，
                    "asset_issuer"：
"bubiV8hwmNvQ7M4VsQ7FMNM1WGiQv7RTA4GDzQbt"，
                    "asset_type"：1，
                    "type"：2
                }]，
                "source_address"：
"bubiV8hwmNvQ7M4VsQ7FMNM1WGiQv7RTA4GDzQbt"
            }，
            {
                "operations"：[{
                    "asset_amount"：2，
                    "asset_code"：
"7R3DPR6j5XdGghEbK8d8vScvw4MHjfKb4rGHVUFwf3h3SVD2iYVyfmz
YLNmhhJ3D133GX87zcUVkPn66QRe925dB5h7bs1Ac3dmG"，
```

```
                "asset_issuer":
"bubiV8hwmNvQ7M4VsQ7FMNM1WGiQv7RTA4GDzQbt",
                "asset_type": 1,
                "dest_address":
"bubiV8hwmNvQ7M4VsQ7FMNM1WGiQv7RTA4GDzQbt",
                "type": 1
            }],
            "source_address":
"bubiV8hxgMwwnRWpEVhLL5dgEemk2kzox6ym7wHy"
        },
        {
            "operations": [{
                "asset_amount": 50,
                "asset_code":
"7R3DPR6j5XdGghEbK8d8vScvw4MHjfKb4rGHVUFwf3h3SVD2iYV
yfmzYLNmhhJ3D133GX87zcUVkPn66QRe925dB5h7bs1Ac3dmG",
                "asset_issuer":
"bubiV8hwmNvQ7M4VsQ7FMNM1WGiQv7RTA4GDzQbt",
                "asset_type": 1,
                "dest_address":
"bubiV8hxgMwwnRWpEVhLL5dgEemk2kzox6ym7wHy",
                "type": 1
            }],
            "source_address":
"bubiV8hwmNvQ7M4VsQ7FMNM1WGiQv7RTA4GDzQbt"
        },
        {
            "operations": [{
                "asset_amount": 2,
```

```
                "asset_code":
"7R3DPR6j5XdGghEbK8d8vScvw4MHjfKb4rGHVUFwf3h3SVD2iYV
yfmzYLNmhhJ3D133GX87zcUVkPn66QRe925dB5h7bs1Ac3dmG",
                "asset_issuer":
"bubiV8hwmNvQ7M4VsQ7FMNM1WGiQv7RTA4GDzQbt",
                "asset_type": 1,
                "dest_address":
"bubiV8hwmNvQ7M4VsQ7FMNM1WGiQv7RTA4GDzQbt",
                "type": 1
            }],
            "source_address":
"bubiV8hxgMwwnRWpEVhLL5dgEemk2kzox6ym7wHy"
        },
        {
            "operations": [{
                "asset_amount": 100,
                "asset_code":
"7R3DPR6j5XdGghEbK8d8vScvw4MHjfKb4rGHVUFwf3h3SVD2iY
VyfmzYLALUECFJLPpdwqJyLR1q9FrdBXiCASrTNDdiN5tsWe1i",
                "asset_issuer":
"bubiV8hwmNvQ7M4VsQ7FMNM1WGiQv7RTA4GDzQbt",
                "asset_type": 1,
                "type": 2
            }],
            "source_address":
"bubiV8hwmNvQ7M4VsQ7FMNM1WGiQv7RTA4GDzQbt"
        },
        {
            "operations": [{
```

```
                "asset_amount": 2,
                "asset_code":
"7R3DPR6j5XdGghEbK8d8vScvw4MHjfKb4rGHVUFwf3h3SVD2iY
VyfmzYLNmhhJ3D133GX87zcUVkPn66QRe925dB5h7bs1Ac3dmG",
                "asset_issuer":
"bubiV8hwmNvQ7M4VsQ7FMNM1WGiQv7RTA4GDzQbt",
                "asset_type": 1,
                "dest_address":
"bubiV8hwmNvQ7M4VsQ7FMNM1WGiQv7RTA4GDzQbt",
                "type": 1
            }],
            "source_address":
"bubiV8hxgMwwnRWpEVhLL5dgEemk2kzox6ym7wHy"
        },
        {
            "operations": [{
                "asset_amount": 100,
                "asset_code":
"7R3DPR6j5XdGghEbK8d8vScvw4MHjfKb4rGHVUFwf3h3SVD2iY
VyfmzYLNmhhJ3D133GX87zcUVkPn66QRe925dB5h7bs1Ac3dmG",
                "asset_issuer":
"bubiV8hwmNvQ7M4VsQ7FMNM1WGiQv7RTA4GDzQbt",
                "asset_type": 1,
                "type": 2
            }],
            "source_address":
"bubiV8hwmNvQ7M4VsQ7FMNM1WGiQv7RTA4GDzQbt"
        },
        {
```

```
            "operations": [{
                "dest_address":
"bubiV8hwmNvQ7M4VsQ7FMNM1WGiQv7RTA4GDzQbt",
                "init_balance": 200000000,
                "type": 0
            }],
            "source_address":
"bubiV8htfYzN1kaou67Sahzx65fYdSXwgYCtuFaP"
        },
        {
            "operations": [{
                "asset_amount": 2,
                "asset_code":
"7R3DPR6j5XdGghEbK8d8vScvw4MHjfKb4rGHVUFwf3h3SVD2iY
VyfmzYLNmhhJ3D133GX87zcUVkPn66QRe925dB5h7bs1Ac3dmG",
                "asset_issuer":
"bubiV8hwmNvQ7M4VsQ7FMNM1WGiQv7RTA4GDzQbt",
                "asset_type": 1,
                "dest_address":
"bubiV8hxgMwwnRWpEVhLL5dgEemk2kzox6ym7wHy",
                "type": 1
            }],
            "source_address":
"bubiV8hwmNvQ7M4VsQ7FMNM1WGiQv7RTA4GDzQbt"
        },
        {
            "operations": [{
                "asset_amount": 1200,
                "asset_code":
```

```
"7R3DPR6j5XdGghEbK8d8vScvw4MHjfKb4rGHVUFwf3h3SVD2iYV
yfmzYH8iLAZYMUS12MoYcvwVpxErzC15rAs2sAHUU296ra5Hr",
                    "asset_issuer":
"bubiV8hwmNvQ7M4VsQ7FMNM1WGiQv7RTA4GDzQbt",
                    "asset_type": 1,
                    "type": 2
               }],
               "source_address":
"bubiV8hwmNvQ7M4VsQ7FMNM1WGiQv7RTA4GDzQbt"
          }]
     },
     "err_code": "0",
     "msg": "操作成功"
}
```

服务器响应的主要参数说明如表 4.16 所列。

表 4.16　程序参数说明(16)

参　数	说　明
data.transactions.operations.dest_address	资产流动目标地址
data.transactions.operations.init_balance	账户初始化余额
data.transactions.operations.type	操作类型:0 创建用户,1 资产转移,2 发行资产,5 资产发放
data.transactions.source_address	资产流动源地址
data.transactions.operations.amount	资产交易数量
Data.transactions.operations.property.code	资产代码,交易的资产
Data.transactions.operations.property.issuer	资产的发行商布萌地址

4.15 布萌通知接口

当开发者调用布萌提供的资产发行、资产发放、资产转移异步接口后，不管最终是成功还是失败，布萌都会向开发者发出通知，告知执行结果。

开发者收到通知后，请以通知类型(notice_type)区分各自业务逻辑的处理。

无论接收到的结果如何，只要开发者收到该请求，则请返回 ok 字符串(不含其他字符，如双引号)，否则布萌将进行重复通知，直到开发者收到或者重复 5 次。

1. 接口请求说明

```
http 请求方式:get
数据示例:
异步资产发行:
asset_amount = 10000&asset_code = 7R3DPR6j5YyxrcXa7QsUJckNDeMy
R26MtZVnbN6d4kCkfNejKczfT4j8adeJThRLcbBxPbGVuY5RNKqWSBc
UFATW7smWuZzRfDUn&asset_issuer = bubiV8iAvbAN319uVJPm2qrxd
JNgXSdFSiyQoQ4Y&current_string = MqUq6TASQju57VcH&err_code =
0&msg = 资产发行成功
&notify_type = 0&bc_hash = c44c595ce0a77d6a1f22a942ac397cc1cdc1edd
654be56286a66af8364713b7d&issue_date = 1458888418607&sgin =
```

```
b7086ab0a42a33de6093c545cfbb4aa0&trade_no = 201601141221

异步资产转移：
current_string = MqUq6TASQju57VcH&err_code = 0&msg = 资产转移成功
&notify_type = 1&bc_hash = c44c595ce0a77d6a1f22a942ac397cc1cdc1edd654
be56286a66af8364713b7d&tran_date = 1458888418607&sgin = 0adc527707990
c71e5faf09b60f38dcf&trade_no = 201601141223

异步资产发放：
current_string = MqUq6TASQju57VcH&err_code = 0&msg = 资产发放成功
&notify_type = 2&bc_hash = c44c595ce0a77d6a1f22a942ac397cc1cdc1
edd654be56286a66af8364713b7d&grant_date = 1458888418607&sgin =
9245e3e8dc6f232eb8f4bcb211e4ae11&trade_no = 201601141224

异步资产追加发行：
current_string = MqUq6TASQju57VcH&err_code = 0&msg = 资产追加发
行成功
&notify_type = 3&bc_hash = c44c595ce0a77d6a1f22a942ac397cc1cdc
1edd654be56286a66af8364713b7d&issue_date = 1458888418607&sgin =
3552349bc445db3a9ed55bc1ae5c3eaf&trade_no = 201601141225
```

2. 参数说明

程序参数说明如表 4.17 所列。

表 4.17　程序参数说明(17)

参　数	说　明
notify_type	通知类型,0 资产发行,1 资产转移,2 资产发放,3 资产追加发行
err_code	0 成功,非零具体见错误码
sign	签名,见签名算法
msg	通知消息
bc_hash	区块链 hash

3. 服务器响应

开发者服务器端收到通知并处理完成后,请返回纯文本的 ok 字符串,两边不带空格,忽略大小写,布萌在验证到响应为 ok 后会标记通知成功。

如果响应为非 ok 字符串,布萌会最多重试 5 次通知。通知时间间隔为:15 秒,30 秒,1 分钟,2 分钟。

4.16　查询账户注册状态

布萌提供账户注册状态查询功能,以便开发者在不确定账户注册执行状态的情况下,通过主动查询来确认账户注册的状态。

1. 接口请求说明

```
http 请求方式:get
https://test.api.bubi.cn/status/account/v1/register?trade_no=
        1000009820141203515766&access_token=ACCESS_TOKEN
```

2. 参数说明

程序参数说明如表 4.18 所列。

表 4.18　程序参数说明(18)

参　数	说　明
access_token	调用接口凭证
trade_no	凭据号:开发者需要保证其唯一

3. 服务器响应

json 格式如下:

数据返回成功:

```
{
    "err_code":"0",
    "msg":"成功",
    "data":
    {
        "bubi_address":"bubiV8hwYmkBgcQjeEqus685iZeACmHm6R9GBBVo"
    }
}
```

数据返回失败(一):

```
{
    "err_code":"20000",
    "msg":"AccessToken 已过期"
}
```

数据返回失败(二):

```
{
    "err_code":"20009",
    "msg":"处理中"
}
```

4.17 查询资产发行状态

布萌提供资产发行状态查询功能，以便开发者在不确定资产发行执行状态的情况下，通过主动查询来确认资产发行的状态。

1. 接口请求说明

```
http 请求方式：get
https://test.api.bubi.cn/status/asset/v1/issue?trade_no=
100000982014120351576&access_token=ACCESS_TOKEN
```

2. 参数说明

程序参数说明如表 4.18 所列。

3. 服务器响应

```
json 格式如下：
数据返回成功：
{
    "err_code":"0",
    "msg":"资产发行成功",
    "data":
    {
        "asset_name":"布萌股权第一期",
        "asset_issuer":"bubiV8iAvbAN319uVJPm2qrxdJNgXSdFSiyQoQ4Y",
"asset_code":"7R3DPR6j5YyxrcXa7QsUJckNDeMyR26MtZVnbN6d4kCk
fNejKczfT4j8adeJThRLcbBxPbGVuY5RNKqWSBcUFATW7smWuZzRfDUn",
        "asset_unit":"股",
        "asset_amount":10000,,
```

```
"issue_date": "1458888418607",
"bc_hash":"c44c595ce0a77d6a1f22a942ac397cc1cdc1edd654be56286a
66af8364713b7d"
    }
}
数据返回失败(一):
{
    "err_code":"20000",
    "msg":"AccessToken 已过期"
}
数据返回失败(二):
{
    "err_code":"20009",
    "msg":"处理中"
}
```

4.18 查询资产转移状态

布萌提供资产转移状态查询功能，以便开发者在不确定资产转移执行状态的情况下，通过主动查询来确认资产转移的状态。

1. 接口请求说明

```
http 请求方式:get
https://test.api.bubi.cn/status/asset/v1/send?trade_no=
1000009820141203515766&access_token=ACCESS_TOKEN
```

2. 参数说明

程序参数说明如表 4.18 所列。

3. 服务器响应

json 格式如下：

数据返回成功：

{
    "err_code":"0",
    "msg":"资产转移成功",
    "data":{
        "trade_no":"100000982014120351576 6",
"tran_date": "1458888418607",
"bc_hash":"c44c595ce0a77d6a1f22a942ac397cc1cdc1edd654be56286
a66af8364713b7d"

    }
}

数据返回失败(一)：

{
    "err_code":"20000",
    "msg":"AccessToken 已过期"
}

数据返回失败(二)：

{
    "err_code":"20009",
    "msg":"处理中"
}

4.19 查询资产发放状态

布萌提供资产发放状态查询功能，以便开发者在不确定资产发放执行状态的情况下，通过主动查询来确认资产发放的状态。

1. 接口请求说明

```
http 请求方式:get
https://test.api.bubi.cn/status/asset/v1/grant? trade_no =
100000982014l203515766&access_token = ACCESS_TOKEN
```

2. 参数说明

程序参数说明如表 4.18 所列。

3. 服务器响应

```
json 格式如下:
数据返回成功:
{
    "err_code":"0",
    "msg":"资产发放成功",
    "data":{
        "trade_no":"100000982014l203515766",
"grant_date": "1458888418607",
```

```
"bc_hash":"c44c595ce0a77d6a1f22a942ac397cc1cdc1edd654be
56286a66af8364713b7d"
    }
}
```


数据返回失败(一):


```
{
    "err_code":"20000",
    "msg":"AccessToken  已过期"
}
```


数据返回失败(二):


```
{
    "err_code":"20009",
    "msg":"处理中"
}
```


4.20 查询账户交易信息(对账接口)

布萌提供账户发起的交易查询请求,返回响应的交易信息,包括交易凭证号、交易数量、交易时间、交易区块链 Hash,交易动作。

用户最多查询 100 天内的数据,每次(页)请求最多返回 1 000 条数据,默认第一页。请求剩余数据需要通过带上 page.start 参数,如请求第三页数据 page.start=3。

1. 接口请求说明

```
http 请求方式:get
https://test.api.bubi.cn/tx/v1/search? address = bubiV8iAvbAN
319uVJPm2qrxdJNgXSdFSiyQoQ4Y&start_date = 1458888418607&
page.start = 1&page.size = 5&end_date = 1461566864332&access_
token = ACCESS_TOKEN
```

2. 参数说明

程序参数说明如表 4.19 所列。

表 4.19　程序参数说明(19)

参　数	说　明
access_token	调用接口凭证
address	待查询账户地址
start_date	查询交易开始时间,Unix 时间戳
end_date	查询交易结束时间,Unix 时间戳
page.start	开始页码
page.size	每页条数

3. 服务器响应

```
json 格式如下:
数据返回成功:
{
    "err_code": "0",
    "msg": "success",
    "data": {
```

```
        transactions: {
            page: {
                total: 2,
                size: 1000,
                start: 1
            },
            datas: [{
                "trade_no": "100000982014120351576 6",
                "asset_amount": "100",
                "tran_time": "1458888418607",
                "tran_type": "0",
                "bc_hash":
"c44c595ce0a77d6a1f22a942ac397cc1cdc1edd654be56286a66af8364713b7d"
            },
            {
                "trade_no": "1000009820141203515767",
                "asset_amount": "100",
                "tran_time": "1458888418607",
                "tran_type": "1",
                "bc_hash":
"3feb64138121f3237d2d3a187ccf85cf4b4c89cf4d1a2bba47ead04e4e68e715"
            }]
        }
    }
}
```

数据返回失败(一):

```
{
    "err_code":"20000",
    "msg":"AccessToken 已过期"
}
数据返回失败(二):
{
    "err_code":"20009",
    "msg":"处理中"
}
```

服务器响应的主要参数说明如表 4.20 所列。

表 4.20 程序参数说明(20)

参 数	说 明
data.transactions.datas.trade_no	凭据号
data.transactions.datas.asset_amount	交易数量
data.transactions.datas.tran_time	交易时间,Unix 时间戳
data.transactions.datas.tran_type	交易动作:0 转入,1 转出
data.transactions.datas.bc_hash	交易 Hash
data.transactions.page.total	交易总数
data.transactions.page.size	每页条数
data.transactions.page.start	开始页

4.21 错误码及签名算法

1. 错误码

错误码说明如表 4.21 所列。

表 4.21 错误码说明

错误码	说 明
10000	系统异常
20000	AccessToken 已过期
20001	开发者回调 uri 地址为空
20002	开发者 ID 授权存在异常
20003	开发者 ID 不存在
20004	请求参数非法
20005	参数格式非法
20006	解析参数出现异常
20007	签名不能为空
20008	应用不存在或已下架
20009	处理中
20010	AppId 不存在或已删除
20011	应用未授权
20012	应用权限被锁定
20013	AppKey 不存在或已删除
20014	AppId 和 AppKey 不匹配
20015	授权码不存在或已过期

续表 4.21

错误码	说　明
20016	请求参数非法，资产发行凭据号不能为空
20017	操作异常，原因可能是重复提交
20018	授权码长度必须是%d
20019	布萌 ID 长度必须是%d
20020	回调地址长度不能大于%d
20021	凭据号长度不能大于%d
20023	布萌地址不能为空
20024	无效的布萌地址
20025	无效的用户名
21100	请输入用户名
21101	请输入布萌账户密码
21102	用户名不存在
21103	用户名与密码不匹配
21104	用户名长度不能大于%d
21105	密码长度不能大于%d
21106	账号凭据号已存在
21107	账号凭据号为空
21108	支付密码长度必须是%d
21109	账号凭据号不存在
21110	写入区块链失败
21111	修改密码失败
21200	资产发行凭据号不能为空
21201	发行商布萌 ID 不能为空
21202	资产名称不能为空
21203	资产单位不能为空

续表 4.21

错误码	说　明
21204	资产发行数量不能为空
21205	资产发行数量必须是整数
21206	资产发行商布萌 ID 不存在
21207	资产发行凭据号已被使用
21208	资产凭据号长度不能大于%d
21209	资产发行商布萌 ID 长度必须是%d
21210	资产名称长度不能大于%d
21211	资产单位长度不能大于%d
21212	资产数量长度不能大于%d
21213	资产数量不能大于%d
21214	资产代码长度必须是%d
21215	资产代码格式错误
21216	资产凭据号不存在
21217	资产发布失败
21300	随机字符串不能为空
21301	随机字符串长度不能大于%d
21302	资产描述或交易摘要不能不长于%d
21303	资产凭据号不能为空
21304	资产名称不能为空
21305	资产单位不能为空
21306	资产代码不能为空
21307	资产转移数量不能为空
21308	资产转出方布萌 ID 不能为空
21309	资产转入方布萌 ID 不能为空
21310	资产转移签名验证失败

续表 4.21

错误码	说　明
21311	资产转出方不存在
21312	资产转出方账户出现异常
21313	资产转入方不存在
21314	资产转入方账户出现异常
21315	待转移资产不存在
21316	待资产转移数量必须是整数
21317	资产转出方布萌 ID 长度必须是%d
21318	资产转入方布萌 ID 长度必须是%d
21319	签名长度必须是%d
21320	资产转移凭据号已存在
21321	资产转移凭据号不存在
21322	资产转移失败
21400	请输入用户名
21401	请设置账户密码
21402	请设置支付密码
21403	用户名已存在
21404	开发者 ID 存在异常
21405	用户名长度 2 个字符
21406	账户密码长度最少 8 个字符，最多 25 个字符
21407	账户密码只能由数字＋字母组成(存在其他字符)
21408	账户密码需由数字＋字母组成(全数字或全字母)
21409	支付密码长度只能是 6 位
21500	请输入账户支付密码
21501	支付密码错误
21502	发行资产数量不能大于%d

续表 4.21

错误码	说 明
21600	获取账户信息布萌 ID 不能为空
21601	账户信息不存在
21700	资产发行凭据号不能为空
21701	资产发行方账户密码不能为空
21702	资产发行方不能为空
21703	资产名称不能为空
21704	资产单位不能为空
21705	资产待发行数量必须是正整数
21707	资产发行者布萌 ID 不存在
21708	发行者账户密码验证失败,账户及密码不匹配
21709	此接口只针对安全级别低的账户开放
21710	此接口只针对安全级别高的账户开放
21800	资产转移签名所需随机字符串不能为空
21801	资产转移签名所需随机字符串长度不能大于%d
21802	资产转出方账户密码不能为空
21803	资产描述或摘要长度不能大于%d
21804	资产转移凭据号不能为空
21805	待转移资产名称不能为空
21806	待转移资产单位不能为空
21807	待转移资产代码不能为空
21808	待转移资产数量不能为空
21809	待转移资产数量必须是正整数
21810	待资产转出方布萌 ID 不能为空
21811	待资产转入方布萌 ID 不能为空
21812	待转移资产签名不能为空

续表 4.21

错误码	说　明
21813	开发者 ID 出现异常
21814	待转移资产签名验证失败
21815	资产转出方账户出现异常
21816	转出方必须通过手动输入支付密码进行确认资产转移
21817	资产转出方账户与密码不匹配
21818	资产转入方账户不存在
21819	资产转入方账户出现异常
21820	待转移资产不存在
21821	资产数量不足

2. 签名算法

签名生成的通用步骤如下：

① 将涉及的数据，按照参数名 ASCII 码从小到大排序（字典序），使用 URL 键值对的格式（即 key1 = value1&key2 = value2…）拼接成字符串 stringA。

特别注意以下重要规则：

✓ 参数名 ASCII 码从小到大排序（字典序）；

✓ 如果参数的值为空不参与签名；

✓ 参数名区分大小写；

✓ 验证调用返回或布萌主动通知签名时，传送的 sign 参数不参与签名，将生成的签名与该 sign 值作校验。

② 在 stringA 最后拼接上 key 得到 tempSignStr 字符串，并对 temp-

SignStr 进行 MD5 运算，再将得到的字符串所有字符转换为小写，得到 sign 值 signValue。

③ key 值为开发者的 appKey。

资产转移示例：

```
资产转移传送的参数如下：
current_string:MqUq6TASQju57VcH
trade_no:2015121822911
asset_code:a811d986d4a60535bbee2af87d3b9772
asset_amount:10000
from_bubi_address:bubiV8hyQKo56DSqJmXVQXHXmtbTNQWRnAy4ZwSZ
to_bubi_address:bubiV8hxkfB53Q4aSJmDLyKguiP6mG5NrPQhTxF7
 第一步，对参数按照 key = value 的格式，并按照参数名 ASCII 字典序
 排序如下：
stringA = "asset_amount = 10000&asset_code = a811d986d4a60535
bbee2af87d3b9772&current_string = MqUq6TASQju57VcH&from_
bubi_address = bubiV8hyQKo56DSqJmXVQXHXmtbTNQWRnAy4
ZwSZ&to_bubi_address = bubiV8hxkfB53Q4aSJmDLyKguiP6mG5
NrPQhTxF7&trade_no = 2015121822911";
第二步，拼接 appKey：
tempSignStr  =  "stringA&key = 73869d83e9b3fac6ec3b37c3b2ec5f15"
sign  =  MD5(tempSignStr ).toLowerCase();
最终得到的数据如下：
asset_amount = 10000&asset_code = a811d986d4a60535bbee2af87d3
```

```
b9772&current_string = MqUq6TASQju57VcH&from_bubi_address =
bubiV8hyQKo56DSqJmXVQXHXmtbTNQWRnAy4ZwSZ&to_bubi_address =
bubiV8hxkfB53Q4aSJmDLyKguiP6mG5NrPQhTxF7&trade_no = 201512
1822911&sign = 3c0f30b6175edf3c972f189da1fd6926
```

参考文献

[1] 袁勇，王飞跃.区块链技术发展现状与展望[J].自动化学报，2016(4)：481-494.

[2] 李赫. 区块链基础架构及其保险作用[EB/OL].(2017-01-10)[2017-03-17].http://www.8btc.com/blockchain—architecture—insurance—application.

[3] Ongaro D，Ousterhout J. In search of an understandable Consensus Algorithm[J].Draft of October，2014.